Lebensläufe August Hermann Franckes
Autobiographie und Biographie

EDITION PIETISMUSTEXTE (EPT)

Im Auftrag der Historischen Kommission zur Erforschung
des Pietismus herausgegeben von Hans-Jürgen Schrader,
Ruth Albrecht, Wolfgang Breul, Markus Matthias und
Christof Windhorst

Band 9

Die „Edition Pietismustexte" ist die neue Folge
der Serie „Kleine Texte des Pietismus".

Lebensläufe
August Hermann Franckes

Autobiographie
und Biographie

Herausgegeben, kommentiert und mit einem
Nachwort versehen von
Markus Matthias

2., überarbeitete Auflage

EVANGELISCHE VERLAGSANSTALT
Leipzig

Redaktor des Bandes:
Christof Windhorst

Bibliographische Information der Deutschen Nationalbibliothek
Die Deutsche Bibliothek verzeichnet diese Publikation in der
Deutschen Nationalbibliographie; detaillierte bibliographische
Daten sind im Internet über http://dnb.ddb.de abrufbar

Das Buch wurde auf alterungsbeständigem Papier gedruckt.

Cover: behnelux gestaltung Halle/Saale
Coverbild: August Hermann Francke © Staatliche Graphische
Sammlung München
Satz: Druckerei Böhlau, Leipzig
Druck und Binden: Hubert & Co., Göttingen

ISBN 978-3-374-04530-3
www.eva-leipzig.de

Inhalt

Herrn M. August Hermann Franckens vormahls Diaconi[1] zu Erffurt,[2] und nach dem er daselbst höchst unrechtmäßigst dimittiret,[3] zu Hall in Sachsen[4] Churf. Brandenburg.[5] Prof. Hebrææ Lingvæ,[6] und in der Vorstadt Glaucha[7] Pastoris Lebenslauff.

5

Gott hat mich an diese welt lassen gebohren werden in der Stadt Lübeck Anno 1663 den 12 Martii.[8] Mein Vater 10
ist gewesen JOHHANNES FRANCKE,[9] beyder Rechten Doctor, und weyland[10] I. Fürstlichen Durchlaucht zu Sachsen Gotha, ERNESTI PII,[11] Hoff= und Justitien Raht, eines beckers von Lübeck, JOHHANN FRANCKENS,[12] eheleiblicher Sohn. Meine Mutter, welche mir Gott bißan- 15

---

1 M[agisters]. – Diaconus: Hilfspfarrer.
2 S. *Kurtze Nachricht*, Anm. 148.
3 Entlassen; s. *Kurtze Nachricht,* Anm. 155.
4 Halle/Saale.
5 Das Gebiet des ehemaligen Erzstifts Magdeburg, zu dem Halle gehörte, unterstand seit 1680 als Herzogtum Sachsen dem Kurfürsten von Brandenburg (und späteren König in Preußen).
6 Professors der Hebräischen Sprache; s. *Kurtze Nachricht*, Anm. 168.
7 Ein ehemaliges, kleines Amtsstädtchen vor den südlichen Toren Halles, heute zu Halle gehörig; zu Franckes Pfarramt in Glaucha s. *Kurtze Nachricht,* Anm. 171.
8 Anno: Im Jahre. – 12. März 1663 (Alten Stils; vgl. *Kurtze Nachricht,* Anm. 27). – Das Geburtshaus Franckes in Lübeck lag an der Ecke der St. Annenstr. und der Schildstr., an der Stelle des heutigen Logenhauses Lübeck.
9 Johannes Francke (27/28.1.1625–30.4.1670) aus Lübeck, Doktor beider Rechte, d. h. des kanonischen und des römischen Rechts, Jurist und Rechtsbevollmächtigter (Syndikus) in Lübeck, seit 1666 Hof- und Justizrat in Gotha. Seine von August Hermann Francke gesammelten autobiographischen Nachrichten und die *Personalia* der bei seinem Begräbnis gehaltenen Leichenpredigt sind abgedruckt bei *Kramer:* Beiträge, S. 1–4 u. 17–27.
10 Ehemals.
11 I[hrer]. – Ernst der Fromme (1601–1675), seit 1640 regierender Herzog von Sachsen-Gotha (- Altenburg) in Gotha.
12 Johann (Hans) Francke (1587–27.4.1650) aus Heldra (Werra) in Hessen, südöstlich von Eschwege, seit 1617 (Frei-)Bäcker in Lübeck, verheiratet mit Elsabe Wessel (14.10.1585–18.11.1664).

hero erhalten, ist ANNA FRANCKIN[13] gebohrne GLOXININ, David Gloxins[14] Keys. Rahts und ält. bürgermeisters[15] zu Lübeck, eheleibliche Tochter.

Diese meine liebe Eltern haben mich bald nach mei-
5 ner leiblichen Gebuhrt zur H. Tauffe[16] als zum bad der wiedergebuhrt[17] befordert, auch da ich im dritten Jahr meines alters[18] mit Ihnen und den übrigen Geschwis-tern[19] von Lübeck nacher Gotha kommen, mich gar zei-tig zur Schulen gehalten, und da anfänglich wegen zar-
10 ter kindheit, und darnach wegen anderer Umstände es sich mit der öffentlichen Schule nicht schicken wollen, mir mehrentheils zu hause, theils aber auch ausserhalb hauses privat Præceptores[20] gehalten.

Gott hat mir eine Liebe zum wort Gottes, und inson-
15 derheit zum h.[21] Predig amt von kindes beinen an ins hertz gesencket, daß sich solches in äusserlichen bezei-gungen vielfältig herfürgethan, und also auch meine Eltern beyderseits, so viel mir wissend, nie einen an-dern Sinn gefasset, als mich dem studio Theologico[22] zu

---

13 Anna Francke (25.7.1635 – Juni 1709), Tochter David Gloxins, heiratete am 15.6.1651 Johannes Francke; die *Personalia* aus der bei ihrem Begräb-nis gehaltenen Leichenpredigt sind abgedruckt bei *Kramer*: Beiträge, S. 24–27.

14 David Gloxin (16.3.1597–26.2.1671), kaiserlicher Rat, seit 1642 Syndikus des Lübecker Rates und des Hanseatischen Bundes, seit 1666 ältester (= regierender) Bürgermeister Lübecks; verheiratet mit Anna Schabbel (†1671), Tochter des Wismarer Bürgermeisters Jakob Schabbel (1579–1649).

15 Keys[erlichen] Rahts und ält[esten] Bürgermeisters.

16 Die Taufe fand am Sonntag Reminiscere, dem 15. März 1663, in der Ge-meinde St. Ägidien als Haustaufe statt.

17 Tit 3,5.

18 Der Vater trat sein Amt in Gotha um Pfingsten 1666 an. – Die Familie Francke bewohnte seit 1668 das von Johannes Francke erbaute Haus an der Ecke der Querstr. und der Schwabhäuser Str.

19 Franckes Geschwister sind: David Balthasar (2.4.1652–1691), Elsabe Mar-gareta (20.3.1654–19.1.1729), Anna Elisabeth verh. Hoyer (6.7.1656–1710/11), Anna (27.11.1658–5.2.1680), Johannes (1.11.1660 – vor 1670), Heinrich Friedrich (4.12.1661 – nach 1727, 1710 geadelt), Friedrich (9.11.1664 – vor 1670); eine weitere Schwester (Gotha nach 1666–vor 1670).

20 Privatlehrer.

21 H[eiligen].

22 Studium der Theologie.

widmen. Von meinem vater wurde ich auch in solchem Sinn fleissig erhalten, dazu die genaue auffsicht bey seinen Lebzeiten nicht wenig thäte.

Da er aber Anno 1670 Todes verblichen, wurde ich zugleich mit andern kindern von privat Præceptoribus 5 einige Jahre unterrichtet, welche ob wol kleine Gesellschafft und tägliche conversation ausserhalb hauses, meinem Gemüthe, wie ich nach der zeit wol erkant, nicht wenig Schaden verursachte, und es durch die vermeynte zulässige, aber ohne genaue auffsicht nie in den 10 Schrancken bleibende, kinder Lust, gar sehr von Gott abgewendet, biß ich in meinem 11ten biß 12 Jahr,[23] so viel ich mich erinnere, da ich wieder unter eigener Præceptorum privat auffsicht lebte, auffs neue erwecket[24] ward durch ein gar schönes exempel meiner recht 15 christlichen und Gottliebenden nunmehr in Gott ruhenden und seeligen Schwester Anna Franckin,[25] welches ich täglich für augen[26] hatte, und ihre ungeheuchelte Furcht Gottes, Glauben, Liebe, Demuht, Lust und Liebe zum wort Gottes, verlangen nach dem ewigen 20 Leben und viel ander gutes an ihr erkante, auch über dieses von eben derselben durch gute erbauliche reden zu allem guten gereitzet ward.

Solches war bey mir so durchdringend, daß ich bald anfinge das eitele wesen der Jugend, in welches ich 25 mich schon durch das böse Exempel anderer kinder ziemlich verliebet und vertiefft hatte, daß es von mir (weil man es an mir als einem kinde, wie der welt Lauff ist ohne großen wiederspruch eine zeitlang erduldet hatte) fast vor keine Sünde mehr geachtet ward, ernst- 30

---

23 1674–1675; nach späteren Angaben 1673.
24 Pietistischer Sprachgebrauch: „erwecken" aus dem Schlaf eines Gewohn-
    heitschristentums.
25 Anna Francke (s. Anm. 19).
26 Vor Augen.

lich zu hassen, mich der unnützen Gesellschafft,[27] Spielens und andern Zeit Verderbs zu entschlagen, und etwas nützlichers und bessers zu suchen. Daher mir auch von den meinigen ein zimmer eingereumet ward,[28] darinnen ich täglich meiner andacht und Gebets zu Gott hertzlich pflegte, und Gott bereits zu der Zeit gelobete ihm mein gantzes Leben zu seinem Dienst und zu seinen h. Ehren auffzuopffern.

Ob nun wohl auff diesen guten anfang einer wahren Gottseligkeit[29] von meinen damahligen anführern nicht gnugsam acht gegeben ward, So segnete doch der getreue Gott, der die Fehler der Kindheit aus Gnaden übersahe,[30] dazumahl sonderlich meine studia,[31] daß ich auch im 13ten Jahr meines alters in classem Selectam[32] des Gothischen Gymnasii[33] gesetzet, und daraus im 14ten Jahr öffentliche Vergünstigung[34] der Oberen er-

---

27 Vgl. Tit 1,10.

28 Vermutlich geht der Wunsch Franckes nach einem eigenen Andachtszimmer auf seine Lektüre von Lewis Baylys Praxis Pietatis zurück, in dessen zweitem Teil ein Traktat von Joseph Hall über „die fürtreffliche Übung gottseliger und andächtiger Meditation" überliefert ist (Ausgabe: Lüneburg 1670). Darin wird empfohlen, sich zum Zwecke der Meditation in ein „Cabinet" (S. 32) zurückzuziehen. Es sei gut, sich einen festen und ruhigen Ort zu wählen, da „sich Gott der HErr am liebsten an dem Ort finden lasse / da wir ihn gemeiniglich zu suchen und anzubeten pflegen" (S. 34). Zur Lektüre dieses Traktats s. *Friedrich de Boor*: Erfahrung, S. 133 Anm. 74.

29 Frömmigkeit, ein dem Glauben angemessenes Leben (Wortprägung Martin Luthers).

30 Vgl. Ps 25,7.

31 Studien.

32 Die seit 1645 am Gothaer Gymnasium bestehende *classis selecta* (Auswahlklasse) bereitete (als Ergänzung zur *Prima*) mit den philosophischen Fächern des akademischen Grundstudiums auf den Hochschulbesuch vor; Francke besuchte das Gymnasium demnach mindestens von 1676 bis 1677. Nach *Schulze:* Geschichte (s. Anm. 33), 173, besuchte Francke die Schule von 1673 bis Ostern 1679.

33 Zum Gymnasium in Gotha s. *Christian Ferdinand Schulze*: Geschichte des Gymnasiums zu Gotha, Gotha 1824, u. *Woldemar Böhne*: Die pädagogischen Bestrebungen Ernst des Frommen von Gotha, Gotha 1888, S. 185–239.

34 Nach der unter Ernst dem Frommen revidierten Landesordnung (gedr. Gotha 1653) hatte der Generalsuperintendent gemeinsam mit dem Rek-

langete, die Academien[35] zu besuchen, welches aber von den meinigen[36] noch fast auff 2 Jahr, wegen meines alzu geringen alters, ausgesetzet ward.

Dieses muß ich Gott zum preiß von meinem gantzen Leben bekennen. Je mehr ich mich zu Gott gehalten, und je weniger ich mein Gemüth mit Liebe der welt[37] beflecket, je mehr hat mir Gott seine Gnade und Seegen wie in allem, also auch absonderlich in meinen studiis wiederfahren und mercken lassen; hingegen je mehr ich mein hertz von Gott abgewendet, und weltlich gesinnet worden, je mehr bin ich auch in der irre herumgeführet worden, und habe wol mit großer arbeit wenig ausgerichtet, welches ich mehrentheils nach der zeit erst erkant, da ich wol vorhin gemeynet, daß ich gar herrlich geführet würde, und treffliche profectus[38] hätte. Also ist mirs recht in die hände kommen:[39] Die FURCHT DES HERRN IST DER WEISZHEIT ANFANG.[40]

<Bey dem öffentlichen Schulgehen habe ich dieses nach der zeit gemerckt,> daß es nicht gnug sey, die Jugend zur wahren Gottseligkeit anzuweisen, sondern man müsse sie auch bey zeiten für die listige verführung der welt warnen.

Wie es denn die tägliche Erfahrung bezeuget, daß stille und sittsame Gemüther, die zu aller Erbarkeit erzogen sind, wenn sie in die welt kommen, und unter große Gesellschafft auff hohen oder niedrigen Schulen

---

tor und unter Hinzuziehung der Lehrer eine Stellungnahme über die Universitätsreife eines Schülers des Gymnasiums abzugeben, die im Falle Franckes also positiv ausgefallen war.

35 Universitäten.
36 Für seine Erziehung war neben der Mutter vor allem der älteste Bruder David Balthasar Francke (s. Anm. 19), Hof- und Kammeradvokat in Gotha, zuständig.
37 Theologisch-pietistischer Begriff für den Bereich des Un- oder Widerchristlichen; vgl. *Kurtze Nachricht*, Anm. 102.
38 Fortschritte.
39 Habe ich anschaulich erfahren.
40 Ps 111,10 (vgl. Spr 9,10).

gerahten, sich durch böse Exempel leicht verleiten, und gleichsam mit dem vollen Strom hinweg reissen lassen. Insonderheit ist solches alter von 13, 14, 15 p[41] Jahren der Gefahr der verführung wol am meisten unterworf-
5 fen, und daher in der aufferziehung am fleissigsten und sorgfältigsten in acht zu nehmen. Denn wol mancher nicht mit der welt so rohe dahin leben würde, wenn er zu solcher zeit, da die Lüste der Jugend,[42] und die ver-liebung in den äusserlichen Schein dieser welt sich zu
10 erst bey ihm herfürgethan, in gebührenden Schrancken wäre gehalten worden.

An meinem Ort halte gewiß darvor, wenn man nicht allein durch G. w.[43] einen wahren Grund der Gottsee-ligkeit in mein hertz zu pflantzen gesucht hätte, son-
15 dern mich auch für[44] zukünfftige verführung gewarnet, und mir die listigen anläuffe[45] der welt mit lebendigen Farben abgemahlet hätte, es würde das öffentliche Schulgehen, welches an sich keines weges zu verwerf-fen, mir nicht eine Gelegenheit zu meiner abermahligen
20 verführung gewesen seyn.

Denn da ich erst in das Gymnasium gesetzet ward, suchte ich noch in fleissigem Gebet das angesicht des Herrn,[46] und erinnere mich, daß ich Gott mit großem ernst angeruffen[47] und gebeten, daß er mir solche gute
25 Freunde geben wolte, die mit mir eines Sinnes währen, ihm zu dienen, aber da ich so viel böse Exempel sahe, und mit einigen auch allmählich in bekantschafft ge-rieth, verlohre sich nach und nach der vorige Eyffer,

---

41 P[erge]: Fahre fort: usw.
42 2Tim 2,22.
43 G[ottes] w[ort].
44 Vor.
45 Feindliche Angriffe; s. Eph 6,11: „Das jr bestehen künd gegen die listigen anlauff des Teufels" (Luther 1545).
46 Vgl. Hos 5,15.
47 Vgl. Ps 145,18.

hingegen begunte[48] ich mich der welt gleichzustellen,[49] Ehre bey der welt groß zu achten, und um des willen nach Gelehrsamkeit zu streben, und es andern zuvor zuthun.

Das beste für mich war, daß ich anfänglich von den meisten wegen meiner geringen Jahre, da sie fast noch einmahl so alt waren als ich, verachtet ward, welches mir Gott nicht wenig zu meiner Demüthigung dienen lassen. Je mehr aber die verachtung von mir wegfiel, insonderheit da ich aus dem Gymnasio dimittiret[50] war, je mehr war auch die Thür zu meiner verführung geöffnet, daß ich auch schon damahls wol erfahren, daß einem die welt vielweniger schadet, wenn sie einen verachtet und verschmähet, als wenn sie einen liebkoset und schmeichelt.

In den studiis ließ ich mich wol nichts hindern, sondern suchte immer mehr darinnen zuzunehmen. Aber solches geschahe schon nicht mehr aus einer reinen absicht, zur Ehre Gottes, und zum Dienst des Nechsten, sondern vielmehr um eigener Ehre und Nutzens halber. Daher ich auch in der lateinischen Sprache mich mit einer leichten und natürlich fliessenden Schreib=art nicht behelffen[51] wolte, sondern diejenigen Auctores[52] am meisten liebte, die fein hochtrabend schrieben, und solche mit Fleiß imitirte, absonderlich da ich von andern drinnen gelobet und also noch weiter auffgeblehet ward, biß mir endlich von einem[53] dieser Fehler entdecket, und an statt anderer Auctorum, des Ciceronis scripta[54] wieder in die hände gegeben worden, aus des-

---

48   Begann.
49   Vgl. Röm 12,2.
50   Entlassen.
51   Nicht begnügen.
52   Autoren.
53   Nicht ermittelt.
54   Die Schriften Ciceros (106–43 v. Chr.): Laelius de amicitia, Tusculanae Disputationes, Epistulae. – Zu beachten ist, dass seit der Antike (Platon,

sen Lælio, Tusculanis quæstionibus, Epistolis p ich mich einer fliessenden und ungezwungenen Schreib art befliesse.[55]

Wiewol auch darinnen dem bereits verdorbenen Ge-
5 mühte gar sehr geschadet ward, daß ich die heydnischen dinge ohne unterscheid ergriffe, und also mehr
einen heydnischen als christlichen stylum[56] führen lernete, in dem heydnische Reden und heydnische Laster
so wol aus meinem als aus der heyden schrifften, welche
10 ich mir zur regel fürgestellet herfür blicketen. Welchen
Fehler ich wol dazumahl gar nicht erkant, noch von andern deswegen erinnert ward, biß ich darnach solchen
Greuel nach erlangter Erkentniß des rechtschaffenen
wesens, das in Ch. ist,[57] erkant.

15 Wie denn die Jugend insgemein in solchem Fehler
stecket, welches doch leichtlich könte verhütet werden,
wenn der informator[58] selbst die reden, welche aus dem
Glauben fliessen oder zum wenigsten damit bestehen
können, von den andern, welche aus dem Unglauben
20 fliessen, unterscheiden könte,[59] und darinnen dem lernenden gebührende anweisung thäte.

Eben diese Eitelkeit und begierde bald gelehrt zu
werden, triebe mich auch, daß ich gerne einen guten
vorschmack von denen studiis Academicis[60] haben
25 wolte, da ich doch noch wol nöthigere dinge hätte excoliren[61] können, z. e.[62] da ich in der hebräischen Sprache

---

Quintilian, Seneca, Cicero) der Topos existiert, dass der Mensch so be-
schaffen sei wie sein Redestil.

55 Befleißigte.
56 Schreibfeder, Stil.
57 Vgl. Eph 4,20 f.: „Jr aber habt Christum nicht also gelernet / so jr anders
von jm gehöret habt / vnd in jm geleret seid / wie in Jhesu ein rechtschaf-
fen wesen ist" (Luther 1545).
58 Lehrer.
59 Der Lehrer muss also selbst wiedergeboren sein und einen wahren, lebendigen Glauben haben.
60 Universitätsstudien.
61 Eifrig pflegen, studieren.

noch unerfahren war, und diese ja als für allen dingen
zum studio theologico nöthig hätte treiben sollen, fiel
ich auff das studium philosophicum,[63] und wante viel
zeit drauff, ja <mehr als> auff das theologicum selbst,
und weil man mich also gehen ließ, ja es auch noch an   5
mir lobete, und mir bücher dazu recommendirete,[64]
meynete ich es wäre recht wol gethan, und verwickelte
mich immer weiter, und kam also mit großer arbeit und
Mühe von dem rechten Grund und zweck des studii
theologici immer weiter ab. Das beste war daß der   10
Grund in Latinis und Græcis[65] so geleget war, daß ich
mich damit behelffen kunte.

Indessen wurde ich im 16ten Jahr meines alters auff
universitæten geschicket,[66] und ward Erffurt erwehlet,
weil es in der Nähe war, und man einen guten Freund[67]   15
daselbst hatte, dessen als eines alten Academici[68] auffsicht und information[69] ich solte anvertrauet werden.
Derselbe hielte mir nun ein Collegium hebraicum[70] über
des Schikardi horologium,[71] dabey ich auch den hebræi-

---

62   Z[um] E[xempel]: zum Beispiel.
63   Studium der Philosophie als universitäres Grundstudium.
64   Empfahl.
65   In der lateinischen und griechischen Sprache.
66   Die Immatrikulation Franckes in Erfurt erfolgte bereits im Juli 1675,
     doch bezog er die Universität erst im April 1679. – Francke wohnte bei
     Rebbeca Hertz geb. Raetius († 1683), der verwitweten Mutter von Konrad
     Rudolph Hertz (s. nächste Anm.), „Zum hohen Wege", heute Michaelisstr.
     45.
67   Konrad Rudolph Hertz (*1655), 1672 aus dem Erfurter Stadtgymnasium
     zur Universität entlassen, danach Studium der Theologie in Jena (1673),
     Erfurt, Altdorf (1680).
68   Ein alter Akademiker; gemeint ist ein Student, der schon einige Jahre an
     Universitäten studiert hatte.
69   Anleitung, Unterricht; es war damals an den Universitäten in der Regel
     vorgeschrieben, dass ein neuer Student sich einen Informator als Studi-
     enführer aussuchte.
70   Vorlesung im Hebräischen.
71   Wilhelm Schickard (1592–1635), Mathematiker und Orientalist in Tübin-
     gen. Sein „Horologium Hebraeum sive consilium quomodo sancta lingua
     spacio XXIV horarum a VI collegis sufficienter addisci possit" erschien 1623
     in Tübingen (zahlreiche weitere Auflagen bis ins frühe 18. Jahrhundert).

schen text lernete analysiren, desgleichen ein Collegium Logicum, und Metaphysicum,[72] in welchen ich mich ziemlich in diesen studiis vertieffete, und die besten Logicken und metaphysiken zusammen schlepte,
5 unter welchen ich nebst D. Bechmanni Log.[73] und Stahlii Metaph.[74] rechnete Hoepfneri commentarium in organon Aristotelis,[75] Cornel: Martini de analysi materiæ et formæ,[76] P. Musæi Metaphys.[77] pp[78] welche ich dann auch mit allem Fleiß tractirte. Ferner hielte ich auch
10 bey eben demselben ein Collegium Geographicum,[79] und weil er Bosii[80] Jenensis[81] discipulus privatissimus[82] gewesen war, ein Collegium de Notitia Auctorum theo-

---

72 Vorlesung in Logik und Metaphysik.
73 Friedemann Bechmann (1628–1703), Professor der Philosophie (seit 1656) und Theologie (seit 1668) in Jena. Seine „Institutiones logicae ex Aristotele" erschienen 1664 (⁹1708) in Frankfurt a. M.
74 Daniel Stahl (1589–1654), seit 1623 Professor der Logik und Metaphysik in Jena. Seine „Metaphysica" erschien 1652 in Frankfurt a. M.
75 Heinrich Hoepfner (1582–1642), seit 1612 Professor der Logik und Philosophie in Leipzig. Sein „Commentarius In Priorum Analyticorum Aristotelis Libros Duos" und sein „Commentarius In Veterem Qvam Vocant, Logicam. Hoc est: Libros Categoriarum, Et De Interpretatione […]" erschienen 1620 in Leipzig. Die kommentierten Schriften gehören als logische Schriften zum sogenannten Organon (Werkzeug) des Aristoteles.
76 Cornelius Martini (1568–1621), seit 1592 Professor der Philosophie in Helmstedt, Vertreter des melanchthonischen Humanismus und der aristotelischen Philosophie, Lehrer von Georg Calixt. Sein „De analysi logica tractatus" erschien 1619 (⁴1659) in Helmstedt.
77 Peter (Petrus) Musäus (1620–1674), seit 1648 Professor der Philosophie in Rinteln, seit 1663 in Helmstedt, seit 1665 Professor der Theologie in Kiel. Seine „Institutiones metaphysicae" erschienen erstmals 1643 in Rinteln. Weitere Auflagen: 1653, 1663, 1686.
78 Perge, perge (s. Anm. 41).
79 Vorlesung über Geographie.
80 Johannes Andreas Bose (1626–1674), Professor der Geschichte in Jena. Sein Kolleg „De Notitia Auctorum theologicorum [Über die Kenntnis theologischer Autoren]" wurde nach seinem Tod in erweiterter Form 1704 in Kiel von Johann Georg Meuschen unter dem Titel „Introductio in notitiam scriptorum ecclesiasticorum [Einführung in die Kenntnis der kirchlichen Schriftsteller]" publiziert (5. Aufl. Jena 1723 herausgegeben von Johann Georg Walch).
81 Aus Jena.
82 Privatschüler, Einzelschüler.

logicorum, welches ihm, seinem bericht nach, privatissime von Bosio communiciret[83] war.

Dieses war mein anfang der Academischen studien, dabey aber wol des rechten zwecks am wenigsten gedacht ward. Vielmehr ward mein Gemüht immer mehr in die welt und deren Eitelkeit verwickelt, daß ich mich andern studiosis,[84] mit welchen ich conversirte,[85] gleich stellete, und große beforderung, ansehen für der welt, zeitliche Ehre, hohe wissenschafft und gute Tage[86] zu meinen zweck setzte, welches allezeit bey mir zunahm, je mehr ich in den studiis zu proficiren[87] schiene. Indessen fand ich auch in meinem Gemüht wenig Ruhe und vergnügung,[88] weil ich wol erkante, daß ich von dem ehemaligen guten anfang eines wahren Christenthums, den ich in der kindheit gehabt, weit abgewichen.

In eben demselbigen Jahre welches war Anno 1679 ward ich noch von den meinigen nach Kiel gesant, auff anforderung meiner Mutter bruder ANT: HENR: GLOXINS[89] S. A.[90] als Patroni des stipendii Schabbeliani,[91] welches mir als nechsten anverwanten des Schabbeli-

---

83 Im Einzelunterricht vorgetragen.
84 Studenten.
85 Umgang pflegte.
86 Vgl. Pred 2,1 u. ö.
87 Fortschritte zu machen.
88 Zufriedenheit, fröhliche Stimmung.
89 Anton Heinrich Gloxin (1645–1690), Syndikus und Advokat in Lübeck, nach dem Tode seines Vaters David Gloxin Verwalter („Patronus") der Schabbelschen Stiftung. – Francke stand schon einige Jahre mit ihm in brieflicher Verbindung. Die Briefe Franckes an ihn aus den Jahren 1677–1689 befinden sich im Archiv der Hansestadt Lübeck (AHL), Schabbel-Stiftung, Konvolut 29.
90 S[eligen] A[ngedenkens]: Pietätformel für Verstorbene; Gloxin war am 22. Januar 1690 gestorben.
91 Der Schabbel-Stiftung; sie war 1637 von Heinrich Schabbel (1569–1639), einem Verwandten Franckes mütterlicherseits, auf Anregung des Theologen und Lübecker Superintendenten Nikolaus Hunnius (1585–1643) zur Ausbildung akademisch qualifizierter Theologen Norddeutschlands eingerichtet worden.

schen Stammes[92] solte gereichet werden. Also begab ich mich auff dessen befehl daselbst am Tisch und ins hauß zu Herrn D. Kortholt,[93] ietzigen Procancellario und Prof: Prim:[94] daselbst, dessen information und inspec-
5 tion[95] zugleich ich und die übrigen Alumni[96] des stipendii fürnehmlich recommendiret waren. Daher ich auch daselbst fast völlig 3 Jahr nemlich von Michaelis[97] 1679 biß Pfingsten oder Trinit: 1682.[98] blieben.

Hier habe nun meine studia continuiret,[99] erstlich
10 philosophica, welche ich nun gar ernstlich vermeynte zu excoliren, und derowegen Collegia disputatoria[100] und andere darüber anstellete, insonderheit suchte ich metaphysicam[101] und Ethicam[102] aus dem Grunde zu tractiren, und war fürnehmlich um deren usum in theo-
15 logia[103] bekümmert. Physica[104] triebe bey Herrn D. Mor-

---

92 Francke war ein Enkel von Anna Schabbel, die ihrerseits eine Nichte des Stifters des Stipendiums war (s. Anm. 91).

93 Christian Kortholt (1633–1694), ehemaliger Stipendiat der Schabbelschen Stiftung, 1666 nach Errichtung der Kieler Universität von Rostock nach Kiel berufen, 1675 ranghöchster Professor, seit 1689 Prokanzler. – Francke wohnte und aß bei ihm und profitierte daher auch von Kortholts Tischgesprächen.

94 Prof[essori] Prim[ario]: dem ranghöchsten Professor.

95 Kortholt beaufsichtigte im Auftrag Gloxins die Studien der vier damaligen Schabbel-Stipendiaten.

96 Übrigen Schüler; das Schabbel-Stipendium wurde jeweils an vier Stipendiaten ausgegeben. – Zu jener Zeit befanden sich in Kiel neben Francke Johann Gottfried Scriver (Lebensdaten unbekannt), ein Sohn des bekannten Erbauungsschriftstellers Christian Scriver (1629–1693), und Adam Herold (1659–1711). Im Herbst 1681 kam Joachim Justus Breithaupt (1658–1732) hinzu.

97 Der 29. September, traditionell Beginn des Wintersemesters. – Francke wurde erst am 10. November 1679 in Kiel immatrikuliert.

98 Pfingsten oder Trinit[atis]: 4. oder 11. Juni 1682 (Alten Stils).

99 Fortgesetzt.

100 Disputationsübungen; es handelt sich wahrscheinlich um die durch die Schabbel-Stiftung festgelegten Disputationen. – Francke führte diese Übungen vor allem mit seinem Stubengenossen Adam Herold (1659–1711) durch.

101 Metaphysik, Bestandteil des philosophischen Grundstudiums.

102 Ethik, Bestandteil des philosophischen Grundstudiums.

103 Gebrauch, Nutzen für die Theologie.

hoffio,[105] und tractirte zu dem Ende sein collegium de historia naturali.[106] Sonst suchte fürnehmlich bey erwehnten herrn D. Morhoffio in latinitate[107] mich besser zu üben, und solidiora fundamenta eloquentiæ tum sacræ tum profanæ[108] zu untersuchen, darinnen ich denn auch privatissime bey ihm informiret ward. Dazu kam bald, daß ich mich in das studium polyhistoricum oder cognitionis Auctorum[109] sehr verliebte, als wozu der in Erffurt gemachte anfang gute Gelegenheit gab. Daher ich das ietzo gedruckte collegium polyhistoricum,[110] so damahls gehalten ward fleissig mit besuchte.

Mein vetter[111] zu Lübeck erkante wohl, daß ich mich mehr darinnen vertieffte als mir zu meinem studio theologico nöthig wäre, und riehte mir davon abzustehen, aber mein Gemüht war bereits so sehr drinnen verstricket, daß ich auch wol meynte, man riehte mir nicht treulich, und hielte dasjenige für absolute nothwendig, was auch nur von seinen liebhabern für eine zierde der übrigen wissenschafften angegeben wird, und nach dem elenden zustand meines Gemühts nur ad pompam von

104 Physik, hier im weiten Sinne als die Wissenschaft von der empirischen Natur, Bestandteil des philosophischen Grundstudiums.
105 Daniel Georg Morhof (1639–1691), 1665 bei der Gründung der Kieler Universität als Professor der Beredsamkeit und Poesie von Rostock berufen, seit 1673 Professor der Geschichte.
106 Das „collegium de historia naturali" [Kolleg über Naturgeschichte] scheint nicht gedruckt worden zu sein.
107 In lateinischer Philologie.
108 Festere Fundamente der geistlichen und weltlichen Beredsamkeit; zu diesem Themenkreis liegen zahlreiche Veröffentlichungen Morhofs vor.
109 Studium der allgemeinen (Literatur-) Geschichte oder der Schriftstellerkunde.
110 D. G. Morhof: Polyhistor sive de notitia auctorum et rerum commentarii. Qvibus praeterea varia ad omnes disciplinas consilia et subsidia proponuntur [Universalgelehrter oder Kommentare über die Kenntnis der Autoren und Sachen], Lübeck 1688. Weitere Auflagen: 1692, 1695 und 1708.
111 Hier: Verwandter, Onkel; A. H. Gloxin erhielt als Kurator der Stiftung regelmäßig von Kortholt Bericht über Lebenswandel und Studienfortschritt der Stipendiaten; die Briefe Kortholts an den Kurator Gloxin liegen im Archiv der Hansestadt Lübeck (AHL), Schabbel-Stiftung, Konv. 29.

mir gerichtet war.[112] Das studium theologicum setzte
ich fort bey herrn D. Kortholt, hielte bey demselben Collegia Thetica, Polemica, und Exegetica,[113] so wol publice
als privatim, laß darneben seine Schrifften und welche
5 er mir sonst recommendiret fleissig.

Daneben wolte ich auch predigen lernen, und gerieth
über den von einigen so genanten methodum Helmstadiensem,[114] lase zu dem Ende fleissig Rhetoricam Aristotelis cum Commentario Schraderi,[115] machte auch se-
10 cundum methodum Schraderi[116] locos communes Bibli-
cos, und getrauete mich auch in öffentlicher Gemeine[117]
in der Stadt und auff dem Land zu predigen,[118] welches
aber wol nicht aus dem Grunde geschehen, wie Paulus
erfordert 2. Cor: IV.[119] Ich gläube, darum rede ich, wie-
15 wol ich damahls meiner meynung nach gar recht dran
thäte.

Uber dieses hielte auch fleissig mit[120] herrn D. Kortholti collegia, die er in historia Ecclesiastica[121] publice

---

112 Um damit zu prunken.
113 Vorlesungen, in denen die kirchliche Lehre vorgetragen, andere Lehren
     widerlegt und Texte aus der Bibel ausgelegt wurden.
114 Offenbar ist damit die sich eng an Aristoteles orientierende Rhetorik
     Schraders gemeint: Chr. Schrader: Dispositiones Oratoriae Ad ductum
     Rhetoricae Aristotelis concinnatae [Entwürfe für die Rede, nach Anlei-
     tung der Rhetorik des Aristoteles konzipiert], Helmstedt 1663 (^{3}1674).
115 Christoph Schrader (1601–1680), seit 1635 Professor der Beredsamkeit in
     Helmstedt. Seine Ausgabe „De Rhetoricorvm Aristotelis Sententia Et Vsv
     Commentarius [Kommentar über die Bedeutung und den Gebrauch der
     Rhetoriken des Aristoteles]" erschien 1674 im Helmstedt.
116 Die biblischen Hauptaussagen („Gemeinplätze") nach der Methode Schra-
     ders; Näheres ist nicht bekannt; vgl. aber: Johann Friedrich Bertram: Dis-
     covrs Von der Klugheit zu Exzerpiren, […] Auch mit einigen Passagen, aus
     dem noch nie gedruckten Methodo Excerpendi […] Christophori Schra-
     deri […], Braunschweig 1727, S. 52–59.
117 Im Gemeindegottesdienst.
118 Nach Neujahr 1681; Predigten und Predigtübungen wurden durch die
     Schabbel-Stiftung gefordert.
119 2Kor 4,13; vgl. bei Anm 348.
120 Mit dem direkten Objekt „teilnehmen an".
121 In der Kirchengeschichte; vgl. Chr. Kortholt: Historia Ecclesiastica Novi
     Testamenti [Kirchengeschichte des Neuen Testamentes], Leipzig 1697;
     eine weitere Auflage stammt von 1708.

und privatim hielte, unter denen auch eines über Eusebii historicam [!] Ecclesiasticam[122] publice gehöret. So
hielte auch bey ihm ein Collegium de Officio ministrorum Ecclesiæ.[123] In welchen, wie auch in seinen übrigen
lectionibus,[124] ich dem wehrten Mann das zeugniß ge- 5
ben kan, daß er die studiosos fleissig und ernstlich von
dem ärgerlichen weltwesen[125] abgemahnet, und die
schwere verantwortung eines Predigers[126] ihnen wol
fürgestellet. Wodurch denn auch geschehen, daß der
gute Funcke, der noch in meinem hertzen war, ziemlich 10
und offt auffgeblasen ward. Daher ich wol mannichmal
einen vorsatz faste mich von der welt und ihrer Eitelkeit zu entreissen, sahe und erkante wol, daß das Leben
der studiosorum, wie es gemeiniglich geführet ward,
und wie ichs selber mitführete, nicht mit dem worte 15
Gottes übereinstimmete, und daß es unmüglich also bestehen könte, finge auch wol dann und wann an mich zu
ändern.[127]

Aber der große hauffe risse mich bald wieder dahin,
daß es dann hieß, daß das letzte mit mir ärger ward, 20
denn das erste.[128] Also war ich bey allen meinen studiis

---

122 Über die Kirchengeschichte des Eusebius von Caesarea (um 264–um 340);
   sie bietet die erste umfassende Darstellung der Geschichte der Alten Kirche. Die Vorlesung Kortholts ist nicht gedruckt worden.
123 Eine Vorlesung über das Amt der Diener der Kirche, also der Geistlichen;
   vgl. Chr. Kortholt: Pastor fidelis, sive de officio ministrorum ecclesiae
   opusculum [Der treue Pastor oder kleine Arbeit über das Amt der Diener
   der Kirche], Hamburg 1696; weitere Auflagen: 1698 und 1748.
124 Vorlesungen.
125 Das Treiben, wie es der (unchristlichen) Welt eigentümlich ist.
126 Vgl. Chr. Kortholt: Schwere Priester= Bürde / aus Gottes Wort und der H.
   Kirchen-Antiquität vorgestellet, Frankfurt a. M. 1672; weitere Auflagen:
   1703, 1705 u. ö.
127 Vgl. die Kritik Kortholts an Francke im Brief an A. H. Gloxin vom 16. Oktober 1680 (AHL, Schabbel-Stiftung, Konv. 29; zitiert bei *Horst Weigelt:*
   Pietismusstudien, S. 54).
128 Vgl. 2Petr. 2,20: „Denn so sie entflohen sind dem vnflat der Welt / durch
   die erkentnis des HErrn vnd Heilandes Jhesu Christi / werden aber wi-
   derumb in die selbigen geflochten vnd vberwunden / Jst mit jnen das letzte
   erger worden denn das erste" (Luther 1545).

nichts als ein grober heuchler, der zwar mit zur kirchen, zur beicht, und zum H. abendmahl ginge, sunge und betete, auch wol gute discurse[129] führete und gute bücher lase, aber in der Taht von dem allen die wahre Krafft
5 nicht hatte, nemlich zu verleugnen[130] das ungöttliche wesen, und die weltlichen Lüste, und züchtig, gerecht und gottselig zu leben, nicht allein äusserlich, sondern auch innerlich.

Meine theologiam faste ich in den kopff, und nicht ins
10 hertz,[131] und war vielmehr eine todte wissenschafft[132] als eine lebendige Erkentniß. Ich wuste zwar wol zu sagen, was Glaube, Wiedergebuhrt, Rechtfertigung, Erneurung[133] p sey, wuste auch wol eins vom andern zu unterscheiden, und es mit den Sprüchen der Schrifft zu
15 beweisen, aber von dem allen fand ich nichts in meinem hertzen, und hatte nichts mehr als was im Gedechtniß und phantasie[134] schwebte. Ja ich hatte keinen andern concept vom studio theologico, als daß es darinnen bestehe, daß man die collegia theologica und theologische
20 bücher wol im kopffe hätte, und davon erudite discouriren[135] könte. Ich wuste wohl, daß Theologia ein habitus practicus[136] definiret würde, aber ich war in meinen col-

---

129 Gespräche.
130 Tit 2,12.
131 Geflügeltes Wort im Pietismus (u.a. Franciscus Mercurius van Helmont [1614–1698] gegenüber Philipp Jacob Spener) als Metapher für den Gegensatz von Theorie und Praxis.
132 Kenntnis, Wissen.
133 Das sind die einzelnen theologischen Aspekte bei der Bekehrung zu Gott.
134 Einbildung.
135 Gelehrt erörtern, daherreden.
136 Im 17. Jahrhundert hat die lutherische Orthodoxie (mit Ausnahmen) die Theologie im (neuaristotelischen) System der Wissenschaften als eine praktische Wissenschaft und Fähigkeit definiert, da die theologische Erkenntnis und Lehre darauf abzielt, den Menschen durch den Glauben aus einem Sünder zu einem vor Gott Gerechten zu machen. – Wie der Kontext und der implizierte Gegensatz von Theorie und Praxis im *Lebenslauff* zeigt, hat Francke einen ganz anderen, auf Empirie zielenden Praxisbegriff. Die für den Pietismus zentrale Distinktion von Theorie und Praxis ist vorbereitet bei Philipp Jacob Spener (*Pia Desideria* 1676, S. 110 u.

legiis,[137] welche ich hielte nur um die theoriam bekümmert. Wenn ich die H. Schrifft lase, war es mehr, daß ich gelehrt werden möchte, oder darmit ich der guten Gewohnheit ein gnügen thäte, als zur Erkentniß des göttlichen wesens und willens zu meiner Seeligkeit. Ich 5 setzte darauff sehr viel, daß ich alles auffs Papier schriebe, wie ich denn deswegen etliche ziemliche volumina[138] zusammen geschrieben von Collegiis, aber ich suchte es nicht, wie Paulus will 2. Cor: III,[139] durch den Geist Gottes auff die Taffeln des hertzens zu schreiben. 10

In solchem zustande war ich, da mir mein Vetter als Patronus stipendii Schabbeliani vergönnete von Kiel wegzureisen, in dem es, wie er berichtete, damahls mit dem stipendio schabbeliano auff eine zeitlang ins stocken[140] gerieht. Darauff reisete ich nach hamburg, weil 15 es in Kiel mit dem hebräischen[141] nicht recht mit mir fort gewolt, da ich zwar etliche mahl einen neuen anfang gemacht hatte, aber zu keiner gründlichen wissenschafft darinnen durch den gemeinen methodum[142] hatte gelangen mügen, da man erst sich mit der Gram- 20 matica und dem analysiren sehr lange auffhält, ehe man die bibel selbst durchzulesen sich getrauet.

---

128 f. = ed. Aland ³1964, 60 f. u. 68 f.) und in Johann Arndts Gegenüberstellung von „Lehre und Leben" (vgl. *Kurtze Nachricht,* Anm. 101).

137 In den von ihm besuchten Lehrveranstaltungen.

138 Von diesen Nachschriften ist nichts erhalten geblieben. Francke erwähnt in einer handschriftlich erhaltenen paränetischen Vorlesung, dass er Morhofs „Collegium polyhistoricum" und sein „Collegium epistolicum" sowie die „Kirchengeschichte" Kortholts nachgeschrieben habe, alles Vorlesungen, die später gedruckt worden seien.

139 2Kor 3,3.

140 *Friedrich de Boor* (Erfahrung, S. 127 Anm. 39) weist darauf hin, dass Francke daneben mit seinem Arbeitsverhalten Gloxin erzürnt hatte, so dass dieser nicht mehr bereit war, Francke finanziell zu unterstützen.

141 Nach den Bestimmungen der Schabbel-Stiftung sollten die Stipendiaten die biblischen Grundsprachen studieren, sich aber nicht darin vertiefen; Franckes Hebräisch-Studium geschieht also offenbar aus eigenem Antrieb.

142 Die übliche Methode.

Daher suchte ich bey dem Herrn L.[143] Etzardo[144] in hamburg diesen Fehler zu ersetzen, begab mich an seinen Tisch, und nahm die Stube in seiner Nachbarschafft,[145] und wante alle zeit drauff nach seinem me-
5 thodo so gut ich konte, linguam hebræam[146] zu tractiren. Ich rühme auch hierinnen des lieben Mannes treue und Fleiß von grund des hertzens, als der sich auch die Mühe nicht verdrießen lassen, ohne leiblichen Entgelt viel zeit auff mich zu wenden, und mir in meinen du-
10 biis[147] welche mir in Lesung der Schrifft, oder auch quoad methodum[148] vorkamen, zu helffen.

Ich kam also bey ihme mit Lesung des A. T.[149] biß in den Propheten Esaiam,[150] so viel ich mich erinnern kan, und da ich nach zwey Monahten von den meinigen nach
15 hause gefordert[151] ward, nahm ich von erwehnten herrn L. Etzardo weitere instruction, wie ich das studium continuiren möchte. Da mir denn gerahten ward, erstlich lectionem cursoriam[152] zu absolviren, und dann in secunda lectione grammaticam gründlicher zu erlernen,
20 in tertia lectione[153] den Glassium,[154] in 4ta das Chal-

---

143 L[icentiatus], sachlich gleichrangige Vorstufe des Doktors; von Theologen häufig wegen der hohen Promotionskosten und als Zeichen der Demut bevorzugt.

144 Esdras Edzard (1629–1708) widmete sich ohne ein festes Amt in Hamburg dem Unterricht in den Grundsprachen der Heiligen Schrift und der Bekehrung der Juden. Francke hat die Ratschläge Edzards später in Halle der Sprachausbildung der Theologiestudenten zugrunde gelegt.

145 Wo Francke bei seinem ersten Hamburger Aufenthalt wohnte, wurde nicht ermittelt.

146 Die hebräische Sprache.

147 Zweifeln.

148 Was die Methode betrifft.

149 A[ltes] T[estament].

150 Das Buch Jesaja.

151 Offenbar fehlten der Familie nach Ausfall des Schabbel-Stipendiums die Mittel, um Francke das Studium zu finanzieren.

152 Kursorische, sich nicht an Einzelheiten aufhaltende Lektüre.

153 Beim zweiten, dritten ... sechsten Lesedurchgang.

154 Salomon Glass (1593–1656), seit 1621 Professor der griechischen und hebräischen Sprache, 1638 Professor der Theologie in Jena, seit 1640 Generalsuperintendent in Gotha. Gemeint ist seine „Philologia Sacra" (s. Anm. 159).

dæische[155] in 5ta das Michlal Jophi,[156] in 6ta die biblia
Buxtorfii[157] zu tractiren. Welchem methodo ich auch
nachzukommen bedacht war, weil ich aber mich auff die
1½ Jahr bey den meinigen zu Gotha auffhalten muste,
fehlte es mir an Gelegenheit zu einem und dem andern.   5
Daher ich in wehrender zeit die Ebræische Bibel[158] an
sich selbst nebst der Philologia Sacra Glassii[159] desto
fleissiger durch tractirte, und, so viel ich mich erinnere,
Biblia hebræa wol sechsmahl absolvirete.

Der zustand meines Gemühts da ich von hamburg   10
kam war sehr schlecht und mit Liebe der welt durch
und durch beflecket. Gott gab mir auch zu erkennen,
daß er seine hand immer mehr von mir abgezogen,[160]

---

155 Das Aramäische.

156 Hebräischer Titel des bekannten rabbinischen Kommentarwerkes: מכלל יופי
Perfectio Pulchritudinis, Seu Commentarius in loca selecta Vocesque & res
difficiliores S. Scripturae, A R. Selemone Ben Melech Cum לקט שכחה Spici-
legio, seu rerum praeteritatum & intermissarum; Authore R. Jacob Aben-
dana [Die vollkommene Schönheit, oder Kommentar zu ausgewählten
Stellen, Worten und Sachen der Heiligen Schrift von Rabbi Selemon Ben
Melech. Mit einer Auswahl der übergangenen oder offengelassenen Stellen von Rabbi Jacob Abendana]. Amsterdam: Anno a Mundi condito 5445
[= 1684] (zuerst 1660).

157 Johannes Buxtorf (1564–1629), seit 1591 Professor der orientalischen
Sprachen in Basel; er gab heraus: Biblia Sacra Hebraica & Chaldaica Cum
Masora, quae Critica Hebraeorum sacra est, Magna & Parva, ac selectissi-
mis Hebraeorum interpretum Commentariis [...] In his nunc primum,
post quatuor editiones Venetas Textus Chaldaicus, qui Targum dicitur, a
deformitate punctationis, & pravitate vocum innumeratum vindicatus
[Die Heilige Bibel, hebräisch und chaldäisch [aramäisch] mit großer und
kleiner Masora, welche das heilige (Vokal-) Zeichensystem der Hebräer ist,
und erlesensten Kommentare der hebräischen Interpreten [...] Worin nun
zum ersten Mal, nach vier venezianischen Ausgaben, der chaldäische Text,
den man Targum nennt, von der Entstellung der Punktation und der Feh-
lerhaftigkeit unzähliger Wörter befreit ist], Basel: Ludwig König 1620.

158 Das Alte Testament.

159 S. Glass: Philologiae Sacrae, qua totius sacrosanctae Scripturae, tum Sty-
lus et literatura, tum sensus et genuinae interpretationis ratio expenditur;
libri quinque [Fünf Bücher der Heiligen Philologie, durch die zum einen
der Stil und die Grammatik, zum anderen die Bedeutung und die Art einer authentischen Auslegung der ganzen Heiligen Schrift erkundet wird],
Frankfurt a. M. u. Leipzig 1653 u. ö. Die ersten Bücher dieser im 17. und
18. Jahrhundert verbreiteten Bibelphilologie erschienen bereits 1623.

160 Num 14,34.

weil ich <seiner> kräfftigen Vater hand, die mich so nachtrücklich zur bekehrung so mannichmal gereitzet, nicht platz gegeben, sondern mich immer tieffer in die Liebe der welt versencket. Da fienge ich nun gleichsam
5 auffs neue an Gott mit Ernst zu suchen.[161] Aber es bestand mein Suchen dennoch mehr im äusserlichen als im innerlichen. Ich sunge und betete viel, laß viel in der Schrifft, und andern geistlichen büchern, ging viel zur kirchen, bereuete auch äusserliche Sünden und kam
10 wol mit Thränen zur beichte, aber das blieb noch allezeit in meinem hertzen stecken, daß Ehre, Reichthum und nach guten Tagen trachten keine Sünde sey. Da doch Johannes ausdrücklich schreibet. 1. Joh: II.[162] Habt nicht lieb die welt, noch was in der welt ist. So ie-
15 mand die welt lieb hat, in dem ist nicht die Liebe des Vaters. Denn alles, was in der welt ist, nemlich Fleisches Lust, augen Lust, und hoffärtiges Leben ist nicht vom Vater sondern von der welt.

Wenn ich auch alle Sünden bereuete, so bereuete ich
20 den Unglauben nicht, der doch tieffe wurtzeln hatte in meinem hertzen. Denn wo die Früchte des Glaubens[163] nicht sind, als Liebe, Freude, Friede, Geduld, Freundlichkeit, Gütigkeit, Glaube, Sanfftmuth, Keuschheit, da ist auch nicht glaube, sondern eine bloße Einbildung
25 vom glauben, und in der That nichts als Unglauben. Doch war in solchen 1½ Jahren, da ich zu hause war, dem äusserlichen nach, mein zustand besser als vorhin. Denn ich lag dem studiren ob mit großem Fleiß, und suchte auch im übrigen ein äusserliches erbares leben
30 zu führen, mein hertz kam aber nicht zur rechten ruhe.[164]

---

161 Vgl. Ps 119,2.10; Dtn 4,29.
162 1Joh 2,15 f.
163 Vgl. Gal 5,22 f. u. Mt 7,16.
164 Vgl. Mt 11,29; Hab 2,4.

Meine studia faste ich inzwischen in bessere Ordnung wiederholete guten theils die dinge die ich auff universitæten und sonsten gefasset, tractirte fleissig V. et N. T.[165] in hebräischer und griechischer Sprache, daneben lernete ich auch die Frantzöische[166] Sprache, und 5 übete mich in der Englischen Sprache, die ich zu Kiel gelernet. Für der welt ward ich wol für einen frommen und fleissigen studenten gehalten, der seine zeit nicht übel angewant, ward auch von vielen lieb und wehrt gehalten, aber in der that war ich nichts als ein bloßer na- 10 türlicher mensch, der viel im Kopff hatte, aber vom rechtschaffenen wesen, das in Jesu Christo ist[167] weit genug entfernet war.

Nach verflossener solcher zeit fand sich ein studiosus zu Leipzig,[168] der gefallen truge einen auff die Stube zu 15 sich zu nehmen, der ihn in Hebraicis privatissime anwiese. Demselben ward ich fürgeschlagen, und kam also zu ihm nach Leipzig[169] Anno 1684 vor ostern, da ich also gelegenheit funde meine studia weiter zu continuiren. Ließ mich also informiren in studio Rabbinico[170] von 20 Herrn Christiani,[171] Lectore Rabbinico zu Leipzig, und von einem discipulo Etzardiano,[172] der sich in Leipzig auffhielt ietzo Adjuncto Philosophiæ[173] in Wittenberg,

---

165 Das Alte und Neue Testament.
166 Eine bei Francke übliche Wortform für „Französische Sprache".
167 S. Anm. 57.
168 Johann Christoph Wichmannshausen (1663–1727), seit 1699 Professor für orientalische Sprachen in Wittenberg. Er kannte Francke vom Gymnasium in Gotha her und gehörte 1686 zu den Begründern des *Collegium Philobiblicum* in Leipzig (s. Anm. 209).
169 Francke wurde im WS 1683/84 immatrikuliert.
170 Im Studium des Rabbinischen, des nachbiblischen Hebräisch der jüdischen Gelehrten (Rabbiner) und der rabbinischen Literatur.
171 Friedrich Albert Christiani (Lebensdaten nicht bekannt), gebürtiger Jude; er trat 1674 in Straßburg zum Christentum über und war bis 1695 Lektor an der Leipziger Universität für das rabbinische Hebräisch.
172 Einem Schüler Edzards.
173 Ein der Fakultät angehörender Privatdozent der Philosophie.

Herrn M. Gerh. Meyern,[174] welcher viel zeit, so ich ihm noch von hertzen dancke, auff mich wante.

Daneben hielte ich auch einige andere collegia, als ein disputatorium über libros Symbolicos,[175] ein Anti-Syn-
5 cretisticum, item ein Collegium historicum[177] p unter herrn L: RECHENBERGIO.[178] it:[179] ein examinatorium[180] über distinctiones theologicas,[181] unter herrn Lic: Cypriano,[182] it. ein disputatorium über dicta Script: S.[183] unter Herrn D. Oleario,[184] it. ein examinatorium über Kö-
10 nigs theol: positivam,[185] welches zugleich disputatorium war, und sein absehen auff die gantze theologiam systematicam[186] hatte; desgleichen hielte ich auch mich zu

---

174 Gerhard Meier (1664–1723), seit 1687 Adjunkt an der Philosophischen Fakultät in Wittenberg, seit 1692 Professor der Logik am Hamburger Gymnasium, 1698–1701 als Superintendent in Quedlinburg in die pietistischen Streitigkeiten verwickelt, seit 1701 Superintendent in Bremen.

175 Die Symbolischen Bücher; die Sammlungen der in den einzelnen Territorien gültigen Bekenntnisschriften; hier insbesondere das lutherische Konkordienbuch von 1580.

176 Eine Vorlesung gegen die von den strengen Lutheranern als Synkretisten (Konfessionsvermenger) bezeichneten Theologen, vornehmlich der Universität Helmstedt.

177 Vorlesung über Geschichte.

178 Adam Rechenberg (1642–1721), seit 1677 Professor der alten Sprachen und der Geschichte, seit 1699 Professor der Theologie in Leipzig. Francke und Wichmannshausen wohnten bei ihm. – Rechenbergs in der Universitätsbibliothek Leipzig aufbewahrter Briefwechsel mit seinem Schwiegervater Spener bildet eine wichtige Quelle für die Leipziger Zeit Franckes.

179 It[em], ebenso.

180 Eine Prüfungsvorlesung.

181 Die Unterscheidung theologischer Begriffe.

182 Johann Cyprian (1642–1723), seit 1676 Professor der Physik in Leipzig, 1678 Lic. theol., 1679 Mitglied des Großen Fürstenkollegiums, 1699 Dr. theol., seit 1710 Professor der Theologie. – Ein Fragment einer Kollegmitschrift (*Systema Physicum*), begonnen am 28. Oktober 1678 (also nicht von Francke), befindet sich in Halle (AFSt/H E 44).

183 Sätze der Heiligen Schrift; die philologische, theologische und ethische Auslegung einzelner Bibelstellen war eine Vorliebe von Olearius, der in dieser Art über 100 Abhandlungen schrieb.

184 Johannes Olearius (1639–1713), ein Sohn von Gottfried Olearius, seit 1665 Professor der griechischen Sprache, seit 1677 Professor der Theologie in Leipzig; er wurde ein Freund der pietistischen Bewegung.

185 Johann Friedrich König (1619–1664), seit 1651 Professor der Theologie in Greifswald, seit 1659 in Rostock. Seine „Theologia positiva acroamatica synoptice tractata [Vergleichendes dogmatisches Lehrbuch], Rostock 1664" war damals eines der meistgebrauchten dogmatischen Lehrbücher.

dem so genanten Großen=Prediger collegio[187] und Collegio Oratorio,[188] so unter denen Magistris von vielen Jahren her in Leipzig gehalten werden. Ich hielte auch Collegia Concionatoria[189] bey Herrn D. Joh. Benedicto Carpzovio,[190] erstlich welches er des Mitwochens vielen andern hielte, darnach <solches> des Freytags, da allemahl einer predigte, und Herr D. Carpzovius die Predigt nach denen Præceptis homileticis[191] censirte.[192] Theoriam præceptorum[193] hatte in einem Collegio homiletico[194] bey Herrn M. Dornfeld,[195] Diacono an der Niclas kirchen daselbst, meinen damaligen Herrn Tischwirth, gehöret, ohne was ich privatim wante auff lectionem[196] Hulsemanni[197] und anderer, deren præcepta ich mir bekant machte.

---

186 Derjenige Zweig der Theologie, der sich einer systematischen Darstellung der Glaubenslehren widmet.

187 Ein Zusammenschluss von Magistern zum Zwecke der Predigtübung; gegründet 1624.

188 Ein Zusammenschluss von Magistern zum Zwecke der (weltlichen) Redeübung, von denen es in Leipzig eine ganze Anzahl gab.

189 Vorlesungen über das Predigen.

190 Johann Benedikt Carpzov (1639–1699), seit 1668 Professor für orientalische Sprachen, seit 1684 Professor der Theologie in Leipzig, gleichzeitig Pastor an der Thomas-Kirche. Er stand anfangs den pietistischen Reformbestrebungen aufgeschlossen gegenüber, wurde aber später ein erbitterter Gegner Speners und Franckes. – Unter den Schriften Carpzovs finden sich mehrere Werke zur Homiletik, berühmt ist die von ihm in erweiterter Form herausgegebene Predigtlehre seines Vaters: Hodogeticum brevibus aphorismis olim pro collegio concionatori conceptum, Leipzig 1652. – Nach Paul Anton hat Carpzov zunächst Speners „Pia desideria" in der Thomas-Kirche gelobt und später in einer Bußpredigt (am 11. Juni 1686) ein „Collegium Biblicum" angeregt und damit Anlass zur Gründung des *Collegium Philobiblicum* (s. u.) gegeben.

191 Regeln der Predigtlehre.

192 Besprach, beurteilte.

193 Das Wissen (Theorie) um die Regeln (der Predigt).

194 Vorlesung zur Predigtlehre.

195 Johann Dornfeld (1643–1720), 1670 Magister der Philosophie in Leipzig, seit 1682 Diaconus an der Nikolai-Kirche, später Superintendent in Leipzig; Francke hatte seinen Mittagstisch zunächst bei ihm, später bei Otto Mencke (s. Anm. 231).

196 Lesen, Lesung.

197 Johannes Hülsemann (1602–1661), seit 1629 Professor der Theologie in Wittenberg, seit 1646 in Leipzig. Seine Predigtlehre „Methodus concio-

Daneben excolirte ich die Frantzöische und Englische Sprache, wie auch die Italiænische, als zu welchen allen ich daselbst sehr beqveme und gute Gelegenheit fand, solche auch fast in täglicher conversation zu ge-
5 brauchen.

Dieses geschahe also successive.[198] Inzwischen nahm ich Anno 1685 daselbst Gradum Magistri[199] an und habilitirte[200] mich auch im selb. J.[201] in præsidendo,[202] dabey ich wol keinen andern zweck hatte als desto besser
10 Geld[203] mit Collegiis zu verdienen, und dadurch desto besser befordert zu werden. Daß ich die Ehre Gottes solte dabey gesuchet haben, kan ich mich nicht erinnern, ob ich wol damahls, wenn ich darnach wäre gefraget worden, würde geantwortet haben, daß ich die-
15 sen hauptzweck præsupponirte.[204] Den äusserlichen zweck aber, den ich gesuchet hatte, erhielte ich auch leichtlich. Denn ich bald drauff gnug zu thun kriegte, und ein Collegium[205] nach dem andern anfieng und endete. Daneben ward mir auch ein anderer privatim zu
20 informiren anvertrauet,[206] welches ich also fort triebe biß ich von dannen reisete.

---

nandi [Predigtmethode], Wittenberg 1638" wurde später mehrfach herausgegeben.

198 Nacheinander.

199 Der Magistergrad als der höchste Grad der Philosophischen Fakultät. Francke wurde am 29. Januar 1685 zum Magister promoviert.

200 Erwarb die Lehrbefähigung; Franckes Habilitationsdisputation fand am 18. Juli 1685 statt; vgl. *Kurtze Nachricht,* Anm. 83.

201 Im selb[en] J[ahr].

202 Als Präses und damit als Leiter der Disputation, der zugleich für die Inhalte der Disputation einstand.

203 Francke befand sich offenbar in einer finanziellen Notlage. Der Erwerb des Magistergrades war wahrscheinlich auch eine Voraussetzung für die Wiedererlangung des Schabbelschen Stipendiums.

204 Vorrangig unterstellte.

205 Francke hat seit dieser Zeit neben der Einführung in die orientalischen Sprachen Vorlesungen über alttestamentliche Schriften und die ersten Kapitel des Matthäus-Evangeliums gehalten, vor allem an Hand der „Philologia Sacra" von S. Glass.

206 Seit 1685 wohnte Johann Kaspar Schade (1666–1698) bei Francke; seit dessen Weggang aus Leipzig war Schade der Wortführer der pietistischen

Das beste unter allem ist gewesen das Collegium Philobiblicum,[207] von dessen anfang und Fortgang ich
nöthig erachte weitleufftigern bericht abzustatten. M.
Paulus Antonius[208] ietzo Theol: Lic: und Superintend:
zu Rochlitz fiel einmahl mit mir auff den discours, daß   5
das studium der beyden fundamental Sprachen, nemlich der griechischen und Hebræischen so wenig excoli-
ret würde, welches wir beyde also miteinander beklag-
ten, biß endlich gedachter herr Antonius wünschete,
daß die magistri selbst untereinander sich darinnen   10
üben möchten, welches mir so fort wolgefiel, und auch
mit dazu rieth, daß wir dergleichen je eher je lieber anfangen möchten, und da wir es also untereinander ab-
geredet, sprachen wir unseumig einige gute Freunde[209]
unter denen Magistris drum an, daß sie mit uns zusam-   15
men treten, und dergleichen collegium anfangen möchten. Welches von ihnen auch gleich beliebet, und der anfang dazu des nechsten Sontags gemachet war.

Die erste abrede war diese daß wir alle Sontage 2
Stunden, von 4 biß 6. Uhr, nemlich nach geendeter Pre-   20
digt, wolten beysammen seyn, da dann erstlich einer ein

Studentenbewegung in Leipzig und Hauptangriffsziel der Theologischen
Fakultät, die ihm Predigt- und Lehrverbot erteilte und ihm die Zulassung
zum Lizentiatenexamen verweigerte. Mitte 1691 ging Schade nach Berlin,
wo er am 1. Advent 1691 als 4. Pfarrer an St. Nicolai eingeführt wurde. –
Es fällt auf, dass Francke Schades Namen verschweigt; möglicherweise befürchtete er, sich durch ihn zu diskreditieren.

207 Übung für Liebhaber der Bibel.

208 Paul Anton (1661–1730), 1680 Student der Theologie in Leipzig, seit 1689
Superintendent in Rochlitz, seit 1695 Professor der Theologie in Halle; er
wurde am 18.9.1690 zum Lic. theol. promoviert.

209 Zunächst waren nur drei Magister (Anton, Francke und Gottfried Springer [1660–1718; aus Breslau, später Hof- und Stadtprediger in Oels]) be-
teiligt. Nach der ersten erhaltenen Fassung der späteren Statuten des Kollegs waren es bei der offiziellen Gründung am 18. Juli 1686 bereits acht
Magister: Anton, Francke, Springer, Joachim Christian Westphal (aus
Neu-Ruppin; † 1690 in Wolfenbüttel), Johann Joachim Möller (aus Som-
merfeld; † 1733), Wichmannshausen (s. Anm. 168), Gottfried Gleitsmann
(aus Weißenfels, später Rektor der Stiftsschule Zeitz, † 1724), Christian
Heider (aus Naumburg).

Capitel aus dem A. und dann einer ein Capitel aus dem
N. T.[210] kürtzlich expliciren[211] und appliciren[212] solte,
und zwar nach der Ordnung der biblischen bücher, wie
ich denn also in der ersten lection explicirte Cap: 1.[213]
Geneseωs und herr Antonius in derselben lection Cap:
1. Matthæi.[214]

Solches war nun nicht etwan was neues oder unge-
wöhnliches auff der universitæt Leipzig. Denn man wol
über funfftzig Jahr zurück solche collegia zehlen kan,
welche die Magistri unter sich angefangen, sich über ge-
wisse leges[215] darinnen vereiniget, und dieselben unter
sich fortgesetzet, wie dessen zeugniß geben können das
obenerwehnte große Prediger collegium, welches sich
darnach auch getheilet[216] in 2 collegia, da in einem des
Montags im andern des Donnerst. in der Pauliner kirchen[217] einer aufftritt und prediget, die andern zusam-
mentreten und die Predigt censiren, haben auch dabey
ihren fiscum[218] daraus die erforderte unkosten pflegen
genommen zu werden. Desgleichen das collegium oratorium, Collegium Anthologicum,[219] darinnen excerpta,
so viel mir wissend ist, gemachet werden, desgleichen
das Collegium Gellianum,[220] so noch einige von ietzo le-

---

210 A[lten] … N[euen] T[estament].
211 Philologisch erklären.
212 Die Lehren des Textes auf die eigene Existenz hin deuten.
213 Gen 1.
214 Mt 1.
215 Gesetze, Regeln, Statuten.
216 Die Teilung erfolgte um 1640.
217 Sie diente in Leipzig als Universitätskirche.
218 Kasse, Gelderwerb, Beitrag.
219 Das *Collegium Anthologicum* wurde 1655 zu dem von Francke angegebenen Zweck, Exzerpte zu sammeln, gegründet. Nach einem gewissen Rück-
   gang erlebte es 1685 eine neue Blüte.
220 Über das *Collegium oratorium* (Rhetorisches Kollegium) wurde nichts ermittelt. – Das *Collegium Gellianum* wurde 1641 gegründet. Der Name
   stammt von dem antiken Exzerptensammler Aulus Gellius (2. Jh. n. Chr.).
   Es diente dem gleichen Zweck wie das *Collegium Anthologicum*. Es
   scheint schon vor Franckes Leipziger Studienzeit eingegangen bzw. mit
   dem *Collegium Anthologicum* verschmolzen zu sein.

benden herrn Professoribus mitgehalten, und welches
des Sontags nachmittag gehalten worden. Welches alles
um deß willen erinnere, weil die welt über die so genanten collegia philo-biblica und pietatis[221] so viel schrey-
ens machet, als wärens neuerungen, und conventi-   5
cula,[222] aus welchen man nichts als Unordnung zu erwarten.

Da nun obenerwehntes collegium angefangen war,
kam bald drauff Herr D. Spener[223] als Churfürstlicher
Oberhoffprediger nach Dreßden, welches Herrn L. An-   10
tonio gelegenheit gab, eine disputationem[224] welche er
gehalten, in Erinnerung der in Franckf. an denselben
gesuchten kundschafft,[225] ihm zuzusenden, und einen
kleinen bericht qo. obiter[226] von diesem unserm insti-
tuto anbey zufügen. Den theuren Mann hatte nicht we-   15
nig erfreuet, daß er gleich bey seiner ankunfft von einer

---

221 Der Begriff eines *Collegium pietatis* ist erstmals 1671 für die von Philipp
Jacob Spener (S. Anm. 223) in Frankfurt a. M. gehaltenen Erbauungsver-
sammlungen (vgl. Philipp Jacob Spener: Die Anfänge des Pietismus in seinen Briefen. Hg. von *Markus Matthias*, Leipzig 2016, S. 244) benutzt worden. Das ursprünglich dem wissenschaftlichen Bibelstudium gewidmete,
universitäre *Collegium Philobiblicum* entwickelte sich schon bald unter
dem Einfluss Speners zu einer biblischen Erbauungsversammlung mit
zahlreichen Hörern, einschließlich einfacher Leute aus der Stadt Leipzig.
Das *Collegium* wurde dadurch 1689 Gegenstand der Leipziger Pietistischen Streitigkeiten (s. Geschichte des Pietismus. Hg. v. *Martin Brecht*.
Bd. 1, Göttingen 1993, S. 333–338).
222 Konventikel, durch das Reichsrecht verbotene (religiöse) Privatversamm-
lungen.
223 Philipp Jacob Spener (1635–1705), der Begründer des Pietismus, seit 1666
Senior des Predigerministeriums (Evang.- luther. Pfarrerschaft) in Frankfurt a. M., seit 1686 Oberhofprediger in Dresden, seit 1691 Oberkonsisto-
rialrat und Propst in Berlin. Er kam am 6. Juli 1686 nach Dresden und
trat sein Amt am 11. Juli an.
224 Paul Anton [Praeses] u. Christoph Strahl [Respondent]: Q.D.B.V. Observationes Grammaticas De quibusdam Novi Testamenti Philosophismis
Seu Dictionibus Philosophicis [...] publice tuebitur [...] Leipzig: Christoph
Fleischer [1686]; die Disputation unter dem Vorsitz Antons fand am
21. August 1686 statt.
225 Anton hatte Spener 1681 auf der Flucht (1680/81) vor der in Leipzig herr-
schenden Epidemie in Frankfurt a. M. kennengelernt.
226 Wie nebenbei.

unter denen studiosis entstehenden Liebe zum worte
Gottes vernehmen solte, und ob er wol erkante, daß wir
noch mehrentheils vom rechten zweck ziemlich möchten entfernet seyn, suchte er dennoch durch guten
Raht[227] und zu Gottes Ehre reifflicher zielende vorschläge unserm geringen anfange auffzuhelffen. Welches wir auch mit allem Danck annahmen, und uns
darüber vereinigten, daß wir nicht so große texte auff
einmahl, und dieselbe zu unserer mehren Erbauung
tractiren wolten. Die praxis selbst gab uns auch immer
ein mehrers an die hand, daß wir also immer eifferiger
wurden, dieses collegium mit Ernst zu treiben, auch ge-
wisse leges,[228] wie in oben erwehnten andern collegiis
bräuchlich, unter uns zu bestetigung und fortpflant-
zung des collegii auffzurichten, welche den zweck des
Collegii und die Ordnung so darinnen solte observiret[229]
werden, vor augen legten.

Da ward nun das Collegium immer stärcker, und fun-
den sich auch von denen studiosis, welche baten als Auditores[230] mit zugelassen zu werden. Daher uns bald die
Stube zu klein ward, und wir uns nach einem größerem
platz umzusehen genöthiget waren. Insonderheit da dazumahl selbiges collegium von vielen auch von denen

---

227 Der für die Entwicklung des *Collegium Philobiblicum* und für Franckes
weiteres Schriftstudium entscheidende Brief vom 7. September 1686 an
Paul Anton findet sich abgedruckt in: Ph. J. Spener: Consilia et Iudicia
Theologica Latina, Halle 1709,1, S. 243–245 (Ders.: Briefe aus der
Dresdner Zeit, Bd. 1: 1686–1687, Tübingen 2002, Brief Nr. 23). Im April
1687 nahm Spener auch an einer Sitzung des Kollegs teil. Francke hat ihn
bei dieser Gelegenheit persönlich kennengelernt und auch seine Predigt
am Sonntag Kantate (24. April 1687) gehört, in der Spener eindringlich
vor einem rein historischen Glauben warnte (s. Ph. J. Spener: Die Evangelische Glaubenslehre, Frankfurt a. M. 1688 [Reprint 1986], S. 562–590).

228 Die ersten Statuten sind nicht auffindbar. Sie wurden mehrfach umgear-
beitet. Die erste erhalten gebliebene Form stammt aus dem Jahre 1687
(*Illgen*, S. 12–20).

229 Genau beachtet, eingehalten.

230 (Gast-)Hörer (von Vorlesungen).

herrn Professoribus[231] gar wol auffgenommen, und als gar nützlich angesehen ward, so daß sie uns auch ihrer Gegenwart würdigten, und zu fernerem Fleiß anmahneten.

Hierzu kam, daß erwehnter Herr L. Antonius, auff 5 dessen Stube es gehalten ward, nach weniger zeit zum Reiseprediger von I. hochfürstlichen Durchlaucht[232] bestellet ward, daß wir auch daher eine änderung zu machen genöthiget wurden. Begrüsten demnach Herrn D. Val: Alberti, Theol: Prof: Extraord:[233] zu Leipzig, daß er 10 das Directorium des erwehnten Collegii Philobiblici auff sich nehmen, und in seiner wohnung uns einen platz dazu einreumen möchte. Beydes wurde von Ihm mit allem willen eingereumet, daß er nicht allein selbst ordentlicher weise unserm collegio als Director bey- 15 wohnete, sondern auch nach geendigter lection uns seiner censur und anmerckung über den tractirten text würdigte. Solches erweckte die studiosos so sehr, daß sie sich damahls in sehr großer frequentz[234] bey dem Collegio als Auditores einfunden, auch da sie vor dem be- 20

231 Francke nennt von den Professoren Otto Mencke (1644–1707), Professor der Moral und Herausgeber der „Acta eruditorum lipsiensia", bei dem Francke und Anton seit 1686 ihren Mittagstisch hatten, und Anton Günter Heshusius (1638–1700), Professor der aristotelischen Philosophie. Anton erwähnt dazu die Professoren Johann Cyprian (s. Anm. 182), Joachim Feller (1628–1691), Professor für Rhetorik, und Christoph Pfautz (1645–1711), Professor der Mathematik. Alle genannten Professoren waren Mitglieder des Großen Fürstenkollegiums, in das Anton 1684 aufgenommen worden war.
232 I[hrer] hochfürstlichen Durchlaucht: Friedrich August von Sachsen (1670–1733), der spätere Kurfürst von Sachsen und König von Polen, August II. (der Starke). – Anton verließ Leipzig am 26. April 1687, um den Prinzen auf seiner Reise durch Frankreich und Spanien zu begleiten.
233 Theol[ogiae] Prof[essorem] Extraord[inarium]: Valentin Alberti (1635–1697), außerordentlicher Professor der Theologie in Leipzig; das *Collegium Philobiblicum* fand bereits seit dem 16. Februar 1687 bei ihm statt. 1690 legte er den Vorsitz nieder und wurde neben Carpzov der schärfste Gegner des Pietismus in Leipzig.
234 Stärke (Anzahl).

schluß des Collegii vom fiscali Collegii[235] ordentlich dazu gebeten wurden, ihre observationes[236] auch mit beytrugen. So ward auch die zahl der magistrorum als membrorum[237] Collegii immer stärcker, daß also damahls solches collegium so wol mit großem Eiffer als vieler vergnügung und nicht ohne Nutzen fortgesetzet ward, daß auch so wol einige von den herrn Professoren, als von fremden Orten kommende angesehene Männer[238] ihre hertzliche vergnügung, so sie darüber hatten, durch ihre offtmalige besuchung an den Tag legten.

In solchem zustande hatte ich das Collegium gelassen, da ich von Leipzig weggereiset.[239] Ich kan versichern, daß ich solches collegium für das nützlichste und beste rechnen muß, welches ich ie auff universitæten gehalten, wenn ich den Nutzen ansehe, welcher mir daraus erwachsen. Denn mich dieses erst recht in das studium textuale[240] hineingebracht, daß ich die großen Schätze, welche uns in der H. Sch.[241] dargereichet werden besser erkennen, und aus der h. Sch. selbst herfürsuchen lernete, da ich zwar vorhin auch die bibel fleissig tractiret, aber mehr um die Schale als um den kern[242] und die Sache selbst war bekümmert gewesen.

---

235 Schatzmeister des Collegiums.
236 Beobachtungen.
237 Mitglieder.
238 Zu den auswärtigen Gästen gehörten u. a. Veit Ludwig v. Seckendorff (1626–1692) und Ahasverus Fritsch (1629–1701), Kanzler der Grafschaft Schwarzburg-Rudolstadt, Vertreter der kirchlichen Reformbewegung.
239 Francke verließ Leipzig am 22. Oktober 1687 (A. H. Francke an A. H. Gloxin, Lüneburg, den 27. Oktober 1687; AHL, Schabbel-Stiftung, Konv. 29).
240 Textstudium der Heiligen Schrift.
241 H[eilige] Sch[rift].
242 Die Unterscheidung von Schale (historische Bestimmungen des Textes) und Kern (Aussage des Textes) ist zentral für Franckes Hermeneutik (vgl. *Markus Matthias:* Die Grundlegung der pietistischen Hermeneutik bei August Hermann Francke, in: Hermeneutik – Methodenlehre – Exegese. Zur Theorie der Interpretation in der frühen Neuzeit. Stuttgart-Bad Cannstatt 2011, S. 189–202).

WOLFFG. FRANTZIUS[243] de interpretatione Scripturæ
S. LUTHERI Comm: in Genesin[244] und andere Schrifften
welche ich dabey gebrauchte, zeigten mir nun besser
wie ich mit der h. Schrifft umgehen, sie recht verstehen,
und zu nutzen anwenden solte, und da die vielfältige   5
praxis dazu kam, wurde mirs immer leichter, absonderlich da ich dem guten Raht, welcher mir gegeben ward,
treulich folgete, nicht nur bloß auff frembde gedancken,
welche ich etwa in büchern fünde, zu sehen, sondern
auch selbst zuzusehen, was ich aus einem ieglichen text   10
für einen deutlichen verstand fassen, und für Lehren,
Ermahnungen und Trost[245] schöpffen könte.

Mitler weile geschahe es, daß eine disputatio[246] de
Quietismo contra Molinosum[247] öffentlich daselbst gehalten ward, da der Autor disputationis öffentlich be-   15
kante, daß er bey verfertigung der disputation das scrip-
tum[248] des Autoris selbst nicht gesehen, sondern daß er
seine disputation theils auff die Advisen,[249] theils auff
den extract, welcher in denen Actis Eruditorum Lip-

---

243 Wolfgang Franz (1564–1628), seit 1605 Professor der Theologie in Wit-
    tenberg. Sein „Tractatus Theologicus De Interpretatione Sacrarum Scrip-
    turarum Maxime Legitima [Theologische Abhandlung über die angemes-
    senste Interpretation der Heiligen Schriften]" erschien erstmals 1619 in
    Wittenberg.
244 Die Vorlesung Luthers über Gen (1535–45); s. M. Luther: Werke. Kritische
    Gesamtausgabe Bd. 42–44 u. 48 (WA).
245 Vgl. 2Tim 3,16: „Denn alle Schrifft von Gott eingegeben / ist nütz zur Lere
    / zur Straffe / zur Besserung / zur Züchtigung in der Gerechtigkeit" (Lu-
    ther 1545).
246 Johannes Günther: De religione Quietistarum [Über die Religion der
    Quietisten], Leipzig 1687. – Der Verfasser ist der nachmalige Doktor der
    Theologie und Leipziger Pastor Johannes Günther (1660–1714). Die Dis-
    putation fand am 3. Mai 1687 unter dem Vorsitz von Johann Benedikt
    Carpzov statt und war offenbar durch die Nachricht von Molinos' Verur-
    teilung veranlasst.
247 Miguel de Molinos (1628–1696), Säkularpriester in Spanien und Rom;
    seine von der spanischen quietistischen Mystik bestimmten Gedanken er-
    regten die Kritik der Jesuiten. Er wurde 1685 durch die Inquisition ver-
    haftet und 1687 zu lebenslänglichem Gefängnis verurteilt.
248 Die Schrift.
249 Mitteilungen (aus der Literatur).

siensibus[250] aus dem Segnerio[251] dem Adversario[252] des
Molinosi, gründete. Hievon ward nicht allein in der publica oppositione[253] sondern auch darnach vielfältig geredet, und daher von vielen gewünschet, daß man doch
den Autorem selbst lesen möchte, biß mir endlich von
einem fürnehmen Mann daselbst[254] an die hand gegeben ward,[255] den Autorem an die hand zu schaffen, und
aus der Italiænischen Sprache ins Lateinische zu übersetzen, nur zu dem Ende, damit man historice[256] wissen
könne, was doch der Mann für lehre führe.

Ich überlegte solches noch mit einem andern[257] von
den herrn Professoren, welcher es mir gleichfalls riehte.
Folgete also ihrem Raht und Gutdüncken, conferirte[258]
2 exemplaria, welche mir communiciret wurden, und
übersetzte die beyden tractætlein des Molinosi nemlich
seine Guida Spirituale und della communione coti-

---

250 Leipziger Gelehrtenzeitschrift („Leipziger Abhandlungen von Gelehrten").
251 Paolo Segneri (1624–1694), Jesuit; der Extrakt seiner Schrift „Concordia
tra la Fatica e la Quiete nell Orazione [Die Überstimmung zwischen Mü-
digkeit und Stille im Gebet], Bologna 1681", findet sich in der Januar-
nummer der *Acta Eruditorum,* Leipzig 1687, S. 19–26.
252 Gegner.
253 Bei der öffentlichen Kritik (und Verteidigung) der Disputation.
254 Wen Francke hier meint, ist nicht deutlich; nach Franckes Brief an A.H.
Gloxin vom 5. September 1687 hat Spener Francke zur Übersetzung angeregt und ihm auch einen venezianischen Druck des *Guida spirituale*
verschafft sowie die Gegenschrift von Segneri ausgeliehen (AHL, Schabbel-Stiftung, Konv. 29).
255 Vorgeschlagen wurde.
256 Nach den Quellen.
257 Nach einem späteren Bericht Franckes hat er Johann Cyprian auf die Un-
terschiede zwischen den Aussagen des Molinos und den Vorwürfen der
Kritiker hingewiesen und wurde daraufhin von diesem zur Übersetzung
gedrängt.
258 Verglich; Francke legte seiner Übersetzung des *Guida spirituale* [Geistli-
cher Führer] von Molinos die italienischen Ausgaben von Rom (1681) und
Venedig (1685) zugrunde. Der Traktat *Della cotidiana communione* [Über
die tägliche Kommunion] (1685) war dem venezianischen Druck angefügt.
Francke hat für dessen Übersetzung einen 1682 erschienenen italienischen Separatdruck verglichen.

diana, schlug darneben die Autores mysticos,[259] auff
welche er sich beziehet, in bibliotheca Paulina[260] selbst
auff, und unterliesse mit meinem willen nichts des Autoris meynung klar und deutlich an den Tag zu legen.
Herr D. J. Ben. Carpzovius[261] riehte mir auch mit allem   5
Ernst dazu, nebst Herrn Prof: Fellero,[262] (in dessen Gegenwart auff der Bibliotheca Paulina es geschahe) er-
bothe sich, mir einen verleger dazu zu schaffen, (da ich
mich aber bereits gegen einen verbindlich gemachet
hatte[263]) und nahm es auch nachgehends als Decanus   10
Fac: Theol: in seine Censuram.[264]

Welches um des willen nach der warheit anführe, weil
mir nach der zeit solche übersetzung[265] von einem und
dem andern übel gedeutet worden, da ich doch mit öffentlicher Genehmhaltung solches gethan, ohne den al-

---

259 Bei den von Molinos angeführten Mystikern handelt es sich neben einigen
     antiken Autoren vornehmlich um Vertreter(innen) der spanischen Mys-
     tik.
260 In der Paulinerbibliothek, der damaligen Leipziger Universitätsbiblio-
     thek.
261 Johann Benedikt Carpzov (s. Anm. 190).
262 Joachim Feller (1628–1691), seit 1616 Professor der Poesie und Bibliothe-
     kar der Universität Leipzig. Er gehörte später zu den Freunden der pieti-
     stischen Bewegung.
263 Nämlich Reinhard Waechtler, als Verleger in Leipzig nachweisbar 1687–
     1689.
264 Decanus Fac[ultatis] Theol[ogicae]: Dekan der Theologischen Fakultät.
     Die Theologische Fakultät Leipzig erteilte als Zensurbehörde durch ihren
     Dekan Carpzov also die Druckerlaubnis.
265 Miguel de Molinos: Manvdvctio Spiritvalis, Extricans animam, eamque
     per viam interiorem ad acquirendam contemplationis perfectionem, ac di-
     vitem pacis interioris thesaurum deducens, una cum Tractatv Eivsdem De
     Quotidiana Commvnione, Fideliter & stylo Mysticorum conformiter in
     latinam lingvam translata A M. Avg. Hermanno Franckio [Geistliche Hand-
     leitung, die die Seele herauswindet und sie durch den inneren Weg zu der
     zu erreichenden Vollendung der Kontemplation und dem göttlichen
     Schatz des inneren Friedens führt, zusammen mit seinem Traktat über
     die tägliche Kommunion, gewissenhaft und dem Stil der Mystiker ent-
     sprechend in die lateinische Sprache übersetzt von Magister August Her-
     mann Francke], Leipzig: Reinhard Waechtler 1687; das Werk erschien
     gleichzeitig als Titelauflage in Sulzbach. Die Widmung an Anton Heinrich
     Gloxin datiert vom 26. August 1687, so dass das Buch erst zur Herbst-
     messe 1687 erschienen sein kann.

lergeringsten wiederspruch, auch mit vorsetzung meines Namens und einer kurtzen præfation[266] meine intention zur gnüge bezeuget. So ist mir auch nach der
zeit von meinen wiederwärtigen, welche ihren Schmä-
hungen gern einen Schein anstreichen[267] wollen, fälsch-
lich beygemessen worden, ich hätte des Molinosi irrige
principia gefasset, mich dadurch verleiten lassen, und
darnach andern wieder eben dieselbigen beygebracht.

Da doch erstlich dieses nicht der anfang meiner
ernstlichen bekehrung zu Gott gewesen, wie ich darnach ausführlicher erzehlen werde, zum andern ich niemals weder besonders noch öffentlich gesaget, daß ich
alles was im Molinos stehet billichen oder behaupten
könne, sondern vielmehr (3) gerahten die h. Schrifft
und andere zur Erbauung durch einen lautern Grund
der H. Schrifft führende Schrifften zu lesen. Dabey ich
aber nicht leugne, daß mir allezeit sehr mißfallen, daß
viele so blind über diesen Autorem hergefallen, und ihn
verdammet, darinnen sie ihn nicht verstanden, ja nicht
einmahl gelesen, und ihm daher opiniones[268] beygemessen, die dem Autori wol lebenslang nicht in den Sinn
kommen, ja daß ich auch im Gegentheil wol gesaget, daß
viel nützliches und zur Erbauung höchst vorträgliches
in dem buche enthalten, welches ich in Ewigkeit nicht
verwerffen oder verdammen könte. Denn man ja die
warheit allezeit lieben sol, sie finde sich bey einem
freunde oder Feinde; ja man soll alles prüffen, und das
beste behalten 1. Thess: V.![269]

Zum Ex.[270] was erwehnter Autor in seinem 3 b.[271] von
der demuth schreibet, hat mich allezeit hertzlich ver-

266 Vorrede.
267 Glaubwürdigkeit, Evidenz geben.
268 Meinungen.
269 1Thess 5,21; zur Begründung eines Abdrucks strittiger oder heterodoxer
    Lehren häufig in Anspruch genommene Bibelstelle.
270 Zum Ex[empel], zum Beispiel.
271 Molinos: Manudvctio, S. 325–331 (3. Buch, 10. Kapitel).

gnüget, ingleichen giebt er auch im 2. b.[272] für die
beichtväter einige Erinnerungen, welche guten theils
wol wehrt sind beobachtet zu werden; desgleichen ist es
gut und nicht zu verwerffen, daß er ausdrücklich lehret,
daß Christus der einige weg, und die einige pforte sey, 5
dadurch wir zu Gott gelangen können, und in dessen
blut wir müssen gereiniget und abgewaschen seyn,[273]
wenn wir Gott gefallen wollen; desgleichen sind die reden welche hin und wieder darinnen von geistlichen
anfechtungen geführet werden, in der Erfahrung ge- 10
gründet, davon der natürliche und weltlich gesinnete
Mensch nicht geschickt ist zu urtheilen, wer aber dergleichen selbst erfahren hat, wird bald finden, was mit
seiner Erfahrung übereinstimmet, und was ihm darinnen dienlich seyn könne; dergleichen dinge würden sich 15
noch mehr finden, welche ich nicht verwerffen kan,
auch kein rechtgläubiger in Ewigkeit verwerffen wird,
weil Sie in der H. Sch. gegründet sind, und unsern libris
Symbolicis[274] keines weges entgegen stehen. So aber
iemand darinnen etwas wieder die H. Schrifft zu seyn 20
recht erkennet, der wisse, daß ich mich dessen nicht be-
gehre theilhafftig zu machen, werde aber auch nie Menschen zu gefallen dasjenige, was ich nicht verstehe, be-
urtheilen, oder was ich der Schrifft gemäß zu seyn er-
kenne, um des willen verwerffen oder geringer achten, 25
weil es einer der nicht unser religion[275] verwandt ist, gesaget hat.

---

272 Molinos: Manudvctio, S. 180–203 (2. Buch, 6. – 8. Kapitel).
273 Molinos: Manudvctio, S. 138 (1. Buch, 16. Kapitel); vgl. Joh 14,6; 10,9 u.
      Apk 7,14.
274 S. Anm. 175.
275 Von derselben Konfession (Begriff des Reichskirchenrechts).

So wäre es auch sehr unchristlich gehandelt, wenn
man einem der in einem buche das was gut und recht
ist, billiget, zugleich auch alles was irrig in demselben
buch ist, beymessen wolte. Sonst müste man einen für
5 einen heyden halten, der sagte, daß in Officiis Ciceronis[276] etwas gutes stehe; für einen Römisch=Catholi-
schen der aus dem Estio,[277] Cornelio a Lapide[278] und andern dergleichen commentatoribus[279] eine gute Erklärung eines biblischen Spruchs entlehnete; für einen
10 reformirten,[280] der sagte, daß ihm durch Dikens Selbst=
betrug[281] sein Sünden Elend entdecket, durch Sontoms
güldnes kleinod[282] sein Gewissen gerühret, und daß er
sonst durch andere dergleichen der reformirten Schrifften erbauet sey.

15 So wird sich auch befinden, daß diejenigen welche mit
ihren beschuldigungen so fertig heraus sind, gemeiniglich keinen bessern Grund als ihren bösen argwohn davon zu geben wissen, welches unzeitige richten[283] ihnen
der gerechte richter[284] nicht gut sprechen wird. Mit
einem wort: Ich habe des Molinosi Schrifften ohne in-

---

276 Ciceros Schrift *De Officiis* [Über die Pflichten] war eines der angesehen-
sten Werke im (christlichen) Neustoizismus des 17. Jahrhunderts.
277 Wilhelm Estius (1541–1613) lehrte in Löwen Philosophie und Theologie.
Gemeint sind wahrscheinlich: Annotationes in praecipua ac difficiliora S.
Scripturae loca [Anmerkungen zu den wichtigsten und schwierigsten Stellen der Heiligen Schrift], Köln 1622 u.ö.
278 Cornelius a Lapide (1567–1637), Jesuit, lehrte in Löwen die hebräische
Sprache und wurde später nach Rom berufen. Von ihm erschienen seit
1648 in Amsterdam Kommentare zu allen Büchern des Alten Testaments.
279 Bibelauslegern.
280 Reformierte (Calvinisten).
281 Daniel Dyke († 1614), englischer Prediger. Sein Buch „Nosce te ipsum [Er-
kennen Dich selbst] oder Selbst-Betrug" wurde nach seinem Tod durch
seinen Bruder Jeremias Dyke (1584–1639) herausgegeben und ist später
mehrfach in deutscher Sprache ediert worden.
282 Emanuel Sonthom (richtig: Thomson) († um 1600), nicht Verfasser, sondern nur Übersetzer und Bearbeiter der Schrift „Gülden Kleinod der Kinder Gottes". Sie wurde mehrfach in deutscher Sprache ediert und war in
pietistischen Kreisen sehr geschätzt (s. *Sträter:* Sonthom, S. 60–62).
283 Vgl. 1Kor 4,5.
284 Christus im Endgericht.

tention mich deren theilhafftig zu machen gelesen und
übersetzet, und habe sie nie weiter gebillichet, als sie
der göttlichen warheit der H. Schrifft gemäß sind; habe
sie zum grund des Christenthums nie recommendi-
ret,[285] und nie also davon geredet, daß iemand solte auff-   5
treten können, der sich an meiner rede zu stossen ur-
sach gefunden hätte. Ob nun von einem warheit lieben-
den und gewissenhafften menschen ein mehrers könne
erfordert werden, mag ein ieder urtheilen! Für dem
aber, der da recht richtet,[286] wil ich dißfalls wol mit   10
Freudigkeit stehen.

Was mein Christenthum betrifft, ist dasselbe, sonderlich in den ersten Jahren da ich in Leipzig gewesen, gar
schlecht und laulicht[287] gewesen. Meine intention war
ein vornehmer und gelehrter Mann zu werden, reich zu   15
werden und in guten Tagen zu leben wäre mir auch nicht
unangenehm gewesen, ob ich wol das ansehn nicht hätte
haben wollen, als wenn ich darnach trachtete. Die an-
schläge[288] meines hertzens waren eitel, und gingen auffs
zukünfftige, welches ich nicht in meinen händen hatte.   20
Ich war mehr bemühet Menschen zu gefallen,[289] und
mich in ihre Gunst zu setzen, als dem lebendigen Gott im
himmel. Auch im äusserlichen stellete ich mich der welt
gleich,[290] in überflüssiger kleidung[291] und andern Eitel-
keiten.[292] In Summa: ich war innerlich und äusserlich ein   25
welt Mensch, und hatte im bösen nicht ab, sondern zu-
genommen. Das wissen hatte sich wohl vermehret, aber
dadurch war ich immer mehr auffgeblehet.[293]

---

285 Empfohlen.
286 1Petr 2,23.
287 Lau; vgl. Apk 3,15 f.
288 Pläne, Absichten; vgl. Spr 19,21; Ps 94,11; 1Kor 3,20.
289 Eph 6,6; 1Thess 2,4; Kol 3,22.
290 Röm 12,2.
291 Vgl. Jak 2,2.
292 Vgl. Röm 8,20; Eph 4,17.
293 Vgl. 1Kor 8,1.

Uber Gott hab ich wol keine Ursache mich dißfalls zu beklagen. Denn Gott unterliesse nicht mein Gewissen offtmahls gar kräfftig zu rühren, und mich durch sein wort zur busse zu ruffen. Ich war wol überzeuget, daß
5 ich nicht im rechten zustande wäre. Ich warff mich auch offt nieder auff meine knie, und gelobete Gott eine besserung. Aber der ausgang bewieß, daß es nur eine fliegende hitze gewesen. Ich wuste mich wohl zu rechtfertigen für den Menschen, aber der herr erkante mein
10 hertz.[294] Ich war wol in großer Unruhe und in großem Elend, doch gab ich Gott die Ehre nicht, den Grund solches Unfriedens zu bekennen, und bey ihm allein den warhafftigen Frieden zu suchen. Ich sahe wol, daß ich in solchen principiis, darauff ich mein thun setzte, nicht
15 acquiesciren[295] könte, doch ließ ich mich durch die verderbte Natur immer mehr einschläffern, meine busse auffzuschieben von einem tage zum andern. Demnach kan ich anders nicht sagen als daß ich wol vierundzwantzig Jahr nicht viel besser gewesen als ein un-
20 fruchtbarer baum, der zwar viel laub aber mehrentheils faule Früchte[296] getragen.

Aber in solchem zustande hat mein leben der welt gar wol gefallen, daß wir uns miteinander wol vertragen können, denn ich liebete die welt, und die welt mich. Ich
25 bin da gar frey von verfolgungen gewesen, weil ich bey den frommen dem Schein nach fromm, und mit den bösen in der warheit böß zu seyn, und den Mantel nach dem wind zu hengen gelernet hatte. Man hat mich da der warheit wegen nicht angefeindet, weil ich mir nicht
30 gern die Leut zum Feinde machte, Sie auch mit rechtem Ernst nicht sagen konte, weil ich selbst nicht darnach lebte. Doch hat solcher Friede mit der welt meinem

---

294 Vgl. 1Joh 3,20; SapSal 1,6; Ps 139,23.
295 Zur innerlichen Ruhe kommen.
296 Vgl. Mt 7,17 u. 12,33.

hertzen keine ruhe bringen können.[297] Sondern die
Sorge für das zukünfftige, Ehrsucht, begierde alles zu
wissen, Gesuch menschlicher Gunst und Freundschafft, und andere dergleichen aus der welt Liebe fliessende Laster, insonderheit aber der immer heimlich na- 5
gende wurm[298] eines bösen Gewissens, daß ich nicht im
rechten zustande wäre, trieben mein hertz als ein un-
gestümes Meer[299] bald auff die eine bald auff die andere
Seite, ob zwar solches sich öffters gleichsam verstcckte,
daß ichs in äusserlicher Fröligkeit offt andern zuvor- 10
thate. In solchem zustande habe ich die meiste zeit zu
Leipzig zubracht, und kan mich biß Anno 1687 nicht erinnern, daß ich eine recht ernstliche und gründliche
besserung vorgenommen hätte.

Aber gegen das 24 Jahr meines alters fienge ich an in 15
mich zu schlagen,[300] meinen Elenden zustand tieffer zu
erkennen, und mit größerem Ernst mich zu sehnen, daß
meine Seele davon möchte befreyet werden.

Solte ich sagen, was mir zu erst gelegenheit dazu gegeben, wüste ich ausser der allezeit zuvorkommenden 20
Gnade Gottes, von äusserlichen nichts gewisser anzu-
zeigen, als mein Studium theologicum, welches ich so
gar nur ins wissen und in die bloße vernunfft gefasset,
daß ich vermeynete ich könte die Leute unmüglich damit betriegen, noch mich in ein öffentliches amt stecken 25
lassen, den Leuten vorzusagen, was ich selbst nicht in
meinem hertz überzeuget wäre.

Ich lebte noch mitten unter weltlicher Gesellschafft,
war mit anlockungen zur Sünde um und um begeben.
Darzu kam die lange Gewohnheit, aber des alles unge- 30
achtet, war mein hertz von dem allerhöchsten Gott ge-

---

297 Vgl. Augustinus: Confessiones 1,1,1.
298 Vgl. Jes 66,24; Mk 9,48.
299 Jes 57,20.
300 Vgl. Lk 15,17.

rühret, mich für ihm zu demütigen, ihn um Gnade zu bitten, und offtmahls auff meinen knien anzuflehen, daß er mich in eine andere Lebensbeschaffenheit setzen, und zu einem rechtschaffenen kinde Gottes ma-
5 chen wolte. Es hiesse nun bey mir (aus Ebr: V, 12 p[301]) *die ihr soltet längst meister seyn, bedürfft ihr wiederumb, daß man euch die ersten buchstaben der göttlichen wort lehre, und daß man euch milch gebe und nicht starcke Speise.* Denn ich hatte ungefehr 7 Jahr theolo-
10 giam studiret, wuste ja wol was unsere thesis[302] war, wie sie zu behaupten, was die Adversarii[303] dagegen einwanten, hatte die Schrifft durch und wieder durch gelesen, ja auch von andern libris practicis[304] nicht wenig, aber weil dieses alles nur in die vernunfft und ins Ge-
15 dächtniß von mir gefasset, und das wort Gottes nicht bey mir ins leben verwandelt[305] war, sondern ich hatte den lebendigen Saamen des worts Gottes bey mir ersticket[306] und unfruchtbar seyn lassen, so muste ich nun gleichsam auffs neue den anfang machen ein Christ zu
20 werden.

Ich fand aber dabey meinen zustand so verstrickt, und war mit so mancherley hindernissen und abhaltungen von der welt umgeben, daß es mir gienge als einem der in einem tieffen Schlamm[307] stecket, und etwa
25 einen arm herfürstrecket, aber die krafft nicht findet, sich gar loß zu reissen oder wie einem der mit banden und Fesseln an händen und Füssen und am gantzen Leibe gebunden ist, und einen Strick zerreisset, aber sich hertzlich sehnet, daß er von den andern auch

---

301 Hebr 5,12 f.
302 Lehre.
303 Konfessionelle Gegner.
304 Erbauungsschriften.
305 Geflügeltes Wort im Pietismus für die Umsetzung der christlichen Glaubenssätze in die tägliche Praxis.
306 Vgl. Mk 4,1–20, bes. 7.18 f.
307 Vgl. Ps 69,3.

möchte befreyet werden. Gott aber der getreue und warhafftige kam mir mit seiner Gnade allezeit zu vor, und bereitete mir gleichsam den weg ihm von Tage zu Tage gefälliger zu leben.

Er hube bald durch seine starcke hand die schwer-   5
sten äusserlichen hinderungen, daß ich deren auch ohne vermuthen entladen wurde, und weil er zugleich mein hertz änderte, ergriff ich mit begierde alle Gele-genheit ihm eifferiger zu dienen. In solchem zustande war ich gleichsam in der demmerung, und als hätte ich   10
einen Flor für den augen. Ich hatte gleichsam einen Fuß auff die Schwelle des Tempels gesetzet, und ward den-noch von der so tieff eingewurtzelten welt Liebe zu-rücke gehalten, nicht vollends hinein zu gehen. Die überzeugung war sehr groß in meinem hertzen, aber die   15
alte Gewohnheit brachte so vielfältige übereilungen in worten und wercken, daß ich daher sehr geängstet war. Hiebey war dennoch ein solcher Grund in meinem hert-zen, daß ich die Gottseeligkeit sehr liebte, und ohne falsch gar ernstlich davon redete, und guten Freunden   20
meine intention hinfüro Gott zu Ehren zu leben ernst-lich bezeugte, so daß ich auch wol von einigen für einen Eiffrigen Christen gehalten ward, und mir nach der zeit gute Freunde bekennet, daß sie eine merckliche ände-rung bereits in solcher zeit an mir gespüret hätten. Ich   25
aber weiß wol, und ist Gott dem herrn nicht unbekannt, daß der Sinn dieser welt damahls noch die Oberhand bey mir gehabt, und daß das böse so starck bey mir wor-den als ein Riese, dagegen sich etwa ein kind aufflehn-ete.   30

Wer wäre elender[308] gewesen als ich, wenn ich in sol-chem zustande blieben wäre, da ich mit der einen hand den himmel mit der andern die Erde ergriffe, Gottes

---

308 Vgl. Röm 7,13–25, bes. 24.

und der welt Freundschafft zugleich geniessen wolte, oder doch bald dem einem, bald dem andern wiederstrebete, und es also mit keinem recht hielte.

5 Aber o wie groß ist die Liebe Gottes die er in Christo Jesu dem menschlichen Geschlecht erzeiget hat! Gott warff mich nicht weg um meines tieffen verderbens willen, darinnen ich gestecket hatte, sondern hatte Geduld[309] mit mir und halff meiner Schwachheit auff,[310] daß ich dennoch den Muht nicht sincken ließ, sondern
10 noch immer hoffte ich würde besser durchbrechen[311] zu einem warhafftigen Leben das aus Gott ist.[312] Ich habe an mir recht erfahren, daß man nicht Ursache habe, sich über Gott zu beklagen sondern daß er bereit sey Thür und Thor auffzuthun, wo er ein hertz findet, daß
15 es redlich mit ihm meynet, und sein angesicht ernstlich suchet.[313] Gott ist mir allemahl gleichsam vorgegangen, und hat die klözer und plöcke aus dem wege gehoben, damit ich überzeuget würde, daß meine bekehrung nicht mein, sondern sein werck wäre.

20 Gott nahm mich gleichsam bey der hand und leitete mich wie eine Mutter ihr schwaches kind leitet, und so groß und überschwenglich war seine Liebe, daß er mich auch wieder ergriffe, wenn ich mich von seiner hand loß gerissen hatte, und ließ mich dafür die ruthe seiner züch-
25 tigung[314] wol fühlen. Er erhörete auch endlich mein Gebeth darinnen, daß er mich in einen freyen und ungebundenen zustand setzte, da ich mit der welt nichts oder doch so wenig zu schaffen hatte, daß ich mit gröstem Unrecht über äusserliche hindernisse und abhaltungen
30 meines Christenthums würde geklaget haben.

---

309 Vgl. 2Petr 3,9.
310 Vgl. Röm 8,26.
311 S. *Kurtze Nachricht*, Anm. 107.
312 Eph 4,18.
313 Vgl. Hos 5,15.
314 Spr 22,15; vgl. Hebr 12,6 u. ö.

Denn Gott fügte es, daß ich Leipzig, da mich noch immer diese und jene hindernissen gefangen hielten, verlassen muste, in dem er meines vettern D. GLOXINI hertz dahin gelencket, daß er mir das stipendium Schabbelianum wieder reichete, und, weil er mit allem Ernst verlangete, daß ich das studium exegeticum für allen dingen prosequiren[315] solte, mir nach Lüneburg zu reisen aufftruge, umb daselbst mich Herrn Sandhagens[316] damahls Superint: zu Lüneburg, ietzo General-Superint: in holstein, information in solchem studio zu bedienen.

Dahin reisete ich also um Mich: 1687.[317] und zwar mit desto größerer Freudigkeit, weil ich hoffete, durch solchen weg mich meines haupt=zwecks, nemlich ein rechtschaffener Christ zu werden, völliger zuversichern. Hier waren nun die äusserlichen hindernisse vom lieben Gott gleichsam auff einmahl weggenommen. Ich hatte mein Stübchen allein,[318] darinnen ich nicht verunruhiget, oder von iemanden in guten Gedancken gestöret ward, dazu speisete ich bey christlichen und gottseligen Leuten.

Ich war kaum hinkommen, so ward ich um eine predigt in der Johannis kirchen[320] daselbst abzulegen, angesprochen, und zwar eine geraume zeit vorher ehe die

---

315 Fortsetzen.
316 Kaspar Hermann Sandhagen (1639–1697), seit 1672 Superintendent in Lüneburg, 1684 zum Generalsuperintendenten des herzoglichen Anteils von Schleswig und Holstein in Gottorf berufen. Er konnte dieses Amt wegen der damals mit Dänemark bestehenden Streitigkeiten erst 1689 antreten.
317 29. September; tatsächlich verließ Francke erst am 22. Oktober 1687 Leipzig und kam am 26. Oktober 1687 in Lüneburg (über Magdeburg) an (s. Anm. 239).
318 Francke wohnte bei Johann Gabriel Sandhagen († 1693), einem jüngeren Bruder Kaspar Hermann Sandhagens; nach den *Lebensnachrichten* wurde Hermann von der Hardt Ende November sein Stubengenosse (s. S. 157).
319 Nach den *Lebensnachrichten* hat Francke bei dem Konrektor Matthias Metzendorf († 29.3.1698) gespeist.
320 Es wird sich bei der (Mittwochs-) Predigt (s. S. 58, Z. 1 f.) nicht um eine Festtagspredigt gehandelt haben, sondern um eine der regelmäßigen Wo-

predigt sollen abgeleget werden. Nun war doch bereits
mein Gemüth in solchem Stande, daß ich nicht die bloße
übung im predigen, sondern fürnemlich die Erbauung
der zuhörer abzielete. In dem ich nun drauff bedacht
5 war, gerieth ich über den Text: Dieses ist geschrieben,
daß ihr gläubet, Jesus sey Christ, und daß ihr durch den
Glauben das Leben habet in seinem Namen. Joh: XX,
31.[321] Bey diesem Text gedachte sonderlich gelegenheit
zu nehmen von einem wahren lebendigen glauben zu
10 handlen, und wie solcher von einem bloßen menschlichen und eingebildeten wahn=Glauben[322] unterschieden sey.

Indem ich nun mit allem Ernst hierauff bedacht war,
kam mir zu Gemüth, daß ich selbst einen solchen Glau-
15 ben, wie ich ihn erfordern würde in der predigt, bey mir
nicht fünde. Ich kam also von der meditation[323] der predigt ab, und fand gnug mit mir selbst zu thun. Denn solches, nemlich, daß ich noch keinen wahren Glauben
hätte, kam mir immer tieffer zu hertzen. Ich wolte mich
20 hier und damit auffrichten, und gleichsam die traurigen
gedancken damit verjagen, aber es wolte nichts hinlänglich seyn. Ich war bißhero nur gewohnet meine vernunfft mit guten gründen zu überzeugen, weil ich im
hertzen von dem neuen wesen des Geistes[324] wenig er-
25 fahren hatte. Darum meynte ich mir nun auch durch
solchen weg zu helffen, aber je mehr ich mir helffen
wolte, je tieffer stürtzte ich mich in unruhe und zweiffel.

---

chentagspredigten, wie sie die Lüneburger Kirchenordnung von 1575 für
mittwochs morgens (8.00–9.00 Uhr) in der Johanniskirche vorsah.

321 Joh 20,31; Francke lässt aus „der Sohn Gottes".
322 Francke folgt hier offenbar dem Verständnis vom Glauben, wie ihn Spe-
     ner in seiner Kantate-Predigt 1687 bestimmt hatte; vgl. Anm. 227.
323 Die Meditation ist in den traditionellen Lehrbüchern der Zeit fester Be-
     standteil der Predigtvorbereitung.
324 Röm 7,6.

Ich nahm zur hand herrn Joh. Musæi collegium Sys-
tematicum MS.[325] welches ich mir bißhero für andern
bekant gemachet hatte, aber ich muste es wieder weg legen, und fand nicht woran ich mich hätte halten mügen.
Ich meynte, an die H. Schrifft würde ich mich doch hal- 5
ten <können>, aber bald kam mir in den Sinn, wer weiß
ob auch die H. Schrifft Gottes wort ist, die Türcken geben ihren Alcoran,[326] und die Juden ihren Talmud[327]
auch dafür aus, wer wil nun sagen, wer recht habe.

Solches nahm immer mehr die überhand, biß ich end- 10
lich von dem allen was ich mein lebenlang, insonderheit
aber in dem über acht Jahr getriebenen studio theologico von Gott und seinem geoffenbahrten wesen und
willen gelernet, nicht das geringste mehr übrig war, das
ich von hertzen geglaubet hätte. Denn ich glaubte auch 15
keinen Gott im himmel mehr, und damit war alles aus,
daß ich mich weder an Gottes noch an menschen wort
mehr halten kunte, und ich fand auch damahls in einem
so wenig krafft als in dem andern. Es war nicht etwa bey
mir eine solche ruchlosigkeit,[328] daß ich aus weltlich ge- 20
sinnetem hertzen die warheit Gottes in den wind ge-
schlagen hätte. Wie gerne hätte ich alles geglaubet, aber
ich konte nicht. Ich suchte auff diese und jene weise mir
selbst zu helffen, aber es reichte nichts hin.

---

325 Johannes Musäus (1613–1681), seit 1646 Professor der Theologie in Jena.
Ein von ihm verfasstes, aber nur als Mitschrift überliefertes *Collegium
theologicum* [Theologische Vorlesung] findet sich im Archiv der Franckeschen Stiftungen (H 18, 1); zur Sache s. Nachwort, S. 164.
326 Türken stehen in dieser Zeit stellvertretend für Muslime; der Alcoran (Koran) als die Heilige Schrift des Islams (vgl. Nachwort, S. 163).
327 Die rabbinische Auslegung des Alten Testamentes, die als Erklärung des
Gesetzes Gottes für orthodoxe Juden göttliche Autorität besitzt.
328 Im 17. Jahrhundert galt der Atheismus weithin als praktische Gottesver-
leugnung, weil böswillige Menschen ein Interesse daran hätten, dass Gott
(und sein Gericht) nicht existierte(n).

Inzwischen ließ sich Gott meinem Gewissen nicht un-
bezeuget.[329] Denn bey solcher würcklichen verleugnung
Gottes, welche in meinem hertzen war, kam mir dennoch mein gantzes bißheriges leben vor augen, als einem der auff einem hohen Turm die gantze Stadt über-
siehet. Erstlich konte ich gleichsam die Sünden zehlen,
aber bald öffnete sich auch die haupt=qvelle, nemlich
der Unglaube, oder bloße wahn=Glaube, damit ich
mich selbst so lange betrogen. Und da ward mir mein
gantzes Leben, und alles was ich gethan, geredt, und gedacht hatte als sünde, und ein großer greuel für Gott
fürgestellet. Das hertz war hart beängstiget, daß es den
zum Feinde hatte, welchen es doch verleugnete, und
nicht glauben kunte.

Dieser Jammer pressete mir viel thränen aus den augen, dazu ich sonst nicht geneiget bin. Bald saß ich an
einem Ort und weynete, bald ging ich in großem Un-
muth hin und wieder, bald fiel ich nieder auff meine
Knie, und ruffte den an, den ich doch nicht kante. Doch
sagte ich, wenn ein Gott warhafftig wäre, so möchte er
sich mein erbarmen. Und solches trieb ich offt und vielfältig. Wenn ich bey Leuten war, verstellete ich mein in-
nerliches Elend, so gut ich immer konte.

Einsmahls, da ich abgespeiset hatte, verlangete ich
zu einem in der nähe wohnenden Superintend.[330] mit
meinem Tischwirth zu gehen, welcher es auch einwil-
ligte. Ich nahm inzwischen, für dem Tische stehend, das
griechische N. T. in die hand, drinnen zu lesen. Als ichs

---

329 Vgl. Apg 14,17.
330 Heinrich Wilhelm Scharff (1653–1703), seit 1681 Superintendent in Lüne.
– Der S. 145 genannte Druck des engeren Bekehrungsberichtes bietet an
dieser Stelle eine Ergänzung gegenüber dem Manuskript, indem er im An-
schluss an „in der nähe wohnenden Superintend." ergänzt: „Herr Lic.
Scharffen".

auffschlug,[331] sagte mein Tischwirth, *Ja wir haben wol hieran einen großen Schatz.* Ich sahe mich um und fragte ihn, ob er sehe, was ich auffgeschlagen hätte. Er sagte nein. So, sagte ich, sehe er die antwort: *wir haben aber den Schatz in irdischen gefässen* etc. 2. Cor: IV.[332] Solche worte mir gleich als er solches gesaget, ins Gesichte fielen. Dieses gieng mir zwar ein wenig zu hertzen, und gedachte, daß es wol nicht ungefehr also kommen möchte, es schiene auch gleichsam ein verborgener Trost dadurch sich in mein hertz zu sencken, aber mein Atheistischer Sinn brauchte bald die verdorbene vernunfft zu seinem werckzeuge, mir die krafft des göttlichen worts wieder aus dem hertzen zu reissen.

Ich setzte nebst meinem Tischwirthe den fürgenommenen weg fort, traffen auch erwehnten Superintendentem zu hause an, welcher uns in die Stube führete, und niedersitzen liesse. Kaum hatten wir uns niedergesetzet, fieng erwehnter Herr Superintendens an zu discouriren, woraus der Mensch erkennen solte, ob er Glauben habe oder nicht? Über solche Frage ward unterschiedliches unter ihnen geredet, so wol einen gläubigen hätte stärcken mügen. Ich saß aber dabey, verwunderte mich anfänglich, und gedachte, ob sie auch von ungefehr auff einen solchen mir höchst nöthigen discours kommen könten, da doch keiner von meinem zustande, wie auch sonst kein Mensch in der gantzen welt, das geringste wuste. Ich hörete ihnen auch fleissig zu, aber mein hertz wolte sich dadurch nicht stillen, sondern ich ward vielmehr dadurch überzeuget, daß ich keinen Gl.[333] hätte, weil ich gerade das Gegentheil von

---

331 Im Pietismus wurde die zufällige Auswahl von Bibelworten durch das „Däumeln" benutzt, um Gottes Willen oder Hinweis in einer bestimmten Situation zu erfahren.
332 2Kor 4,7.
333 Gl[auben].

denen kennzeichen des Glaubens, so sie aus dem Grunde der Schrifft anführeten, an mir erkante.

Da wir abschied genommen hatten, und ich mit meinem herrn Tischwirth wieder zurück in die Stadt
5 gienge, offenbahrete ich demselben mein hertz, sagend: wenn er wüste, in welchem zustande ich wäre, würde er sich wundern wie sie eben auff einen solchen discours kommen wären. Und da er fragte: in welchem? antwortete ich: Ich hätte keinen Glauben. Er erschrack dessen,
10 und suchte alles herfür, mich auffzurichten. Ich legte mich dagegen mit meiner Vernunfft, und sagte endlich zum beschluß: was er angeführet, möchte ihn wol stärcken, aber mir könte es nicht helffen. Nun hätte ich auch wünschen mögen, daß ichs bey mir behalten hätte.

15 Inzwischen fuhr ich in meinem vorigen thun fort, und hielte an mit fleissigem Gebeth auch in der grösten verleugnung meines eigenen hertzens. Folgenden Tages, welches war an einem Sontage, gedachte ich mich gleich also in voriger Unruhe zu bette zu legen, war
20 auch drauff bedacht, daß ich, wenn keine änderung sich ereignete, die Predigt wieder absagen wolte, weil ich im Unglauben und wieder mein eigen hertz nicht predigen, und die leute also betriegen könte. Ich weiß auch nicht, ob es mir würde müglich gewesen seyn. Denn ich fühlete
25 te es gar zu hart, was es sey, keinen Gott haben, an den sich das hertz halten könne; Seine Sünden beweynen, und nicht wissen warum, oder wer der sey, der solche thränen auspresset, und ob warhafftig ein Gott sey, den man damit erzürnet habe; sein Elend und großen Jammer
30 mer täglich sehen, und doch keinen heyland und keine zuflucht wissen oder kennen.

In solcher großen angst legte ich mich nochmals an erwehntem Sontag abend nieder auff meine knie, und rieffe an den Gott, den ich noch nicht kante, noch
35 Glaubte, um Rettung aus solchem Elenden zustande, wenn anders warhafftig ein Gott wäre.

Da erhörete mich der Herr, der lebendige Gott, von seinem h. Thron, da ich noch auff meinen knien lag. So groß war seine Vater=Liebe, daß er mir nicht nach und nach solchen zweiffel und unruhe des hertzens wieder benehmen wolte, daran mir wol hätte genügen können, sondern damit ich desto mehr überzeuget würde und meiner verirreten vernunfft ein zaum angeleget würde, gegen seine Krafft und Treue nichts einzuwenden, so erhörete er mich plötzlich. Denn wie man eine hand umwendet, so war alle mein zweiffel hinweg, ich war versichert in meinem hertzen der Gnade Gottes in Christo Jesu, ich kunte Gott nicht allein Gott sondern meinen vater nennen, alle Traurigkeit und unruhe des hertzens ward auff einmahl weggenommen, hingegen ward ich als mit einem Strom der Freuden plötzlich überschüttet, daß ich aus vollem Muth Gott lobete und preisete, der mir solche große Gnade erzeiget hatte.[334]

Ich stund gar anders gesinnet wieder auff, als ich mich niedergeleget hatte. Denn mit großem kummer und zweiffel hatte ich meine knie gebogen, aber mit unaußsprechlicher Freude[335] und großer Gewißheit stand ich wieder auff. Da ich mich niederlegte glaubte ich nicht, daß ein Gott wäre, da ich auffstand hätte ichs wol ohne Furcht und zweiffel mit vergiessung meines bluts bekräfftiget. Ich begab mich drauff zu bette, aber ich konte für großen Freuden nicht schlaffen, und wenn sich etwa die augen ein wenig zuschlossen, erwachte ich bald wieder, und fieng auffs neue an den lebendigen Gott, der sich meiner Seele zu erkennen gegeben, zu loben und zu preisen. Denn es war mir, als hätte ich in meinem gantzen Leben gleichsam in einem tieffen Schlaff gelegen, und als wenn ich alles nur im Traum gethan hätte, und wäre nun erstlich davon auffgewachet.

---

334 Vgl. 1Joh 3,1.
335 1Petr 1,8.

Es durffte mir niemand sagen[336] was zwischen dem natürlichen Leben eines natürlichen menschen, und zwischen dem Leben, das aus Gott ist,[337] für ein unterscheid sey. Denn mir war zu muht als wenn ich todt gewesen wäre, und siehe ich war lebendig worden.[338] Ich kunte mich nicht die Nacht über in meinem bette halten, sondern ich sprang für freuden herauß und lobete den herrn meinen Gott. Ja es war mir viel zu wenig, daß ich nur Gott loben solte, ich wünschte daß alles mit mir den Namen des herrn loben möchte. Ihr Engel im himmel, rieff ich, lobet mit mir den Namen des herrn, der mir solche barmhertzigkeit erzeiget hat p

Meine vernunfft stand nun gleichsam von ferne, der Sieg war ihr aus den händen gerissen, denn die krafft Gottes[339] hatte sie dem Glauben unterthänig gemachet. Doch gab sie mir zuweilen in den Sinn, solte es auch wol natürlich seyn können, solte man nicht auch von natur solche große Freude empfinden können; aber ich war gleich dagegen gantz und gar überzeuget, daß alle welt mit aller ihrer lust[340] und herrligkeit solche Süssigkeit im menschlichen hertzen nicht erwecken könte, als diese war, und sahe wol im Glauben, daß nach solchem vorschmack der Gnade und Güte Gottes die welt mit ihren reitzungen zu einer weltlichen Lust wenig mehr bey mir ausrichten würde! Denn die Ströme des lebendigen wassers[341] waren mir nun alzu lieblich worden, daß ich leicht vergessen konte der stinckenden mistpfützen[342] dieser welt.

---

336 Brauchte ... niemand zu sagen.
337 Eph 4,18.
338 Vgl. Lk 15,24.
339 Vgl. Röm 1,16 u. 2Kor 10,5.
340 1Joh 2,17.
341 Vgl. Joh 7,38; Apk 22,1.
342 Geflügeltes Wort seit Reformation und Humanismus für den Gegensatz von (biblischer) Quelle und (menschlicher) Tradition; vgl. Jer 2,13.

O wie angenehm war mir diese erste milch,[343] damit
Gott seine schwachen kinder speiset! Nun hieß es, aus
dem 36. Psalm:[344] *Wie theuer ist deine güte Gott, daß*
Menschen kinder unter dem Schatten deiner Flügel
trauen. Sie werden truncken von den reichen gütern dei-   5
nes hauses, und du tränckest sie mit wollust als mit
einem Strom. Denn bey dir ist die lebendige qvelle, und
in deinem liecht sehen wir das liecht.

Nun erfuhre ich, war zu seyn, was Lutherus saget in
der vorrede über die Epistel an die Römer:[345] Glaube ist   10
ein GÖTTLICH WERCK IN UNS, das uns WANDELT und NEU-
GEBIERET AUS GOTT Joh. 1, 12. und tödtet den alten
adam, machet uns gantz ANDERE MENSCHEN, VON HER-
ZEN, MUTH, SINN und ALLEN KRÄFTEN, und bringet den
H. Geist mit sich pp Und: GLAUBE IST EINE LEBENDIGE,   15
ERWEGENE[346] ZUVERSICHT AUFF GOTTES GNADE, SO GEWIß
DAß ER TAUSEND MAHL DRÜBER STÜRBE. UND SOLCHE ZU-
VERSICHT UND ERKENTNISZ GÖTTLICHER GNADE MACHET
FRÖLICH, TROTZIG, UND LUSTIG GEGEN GOTT UND ALLE
CREATUREN, WELCHES DER H.G.[347] THUT IM GLAUBEN pp   20

Gott hatte nun mein hertz mit Liebe gegen ihn erfüllet, die weil er sich mir als das allerhöchste und allein
unschätzbare Guth zu erkennen gegeben. Daher konte
ich auch des folgenden tages meinem Herrn Tischwirth,
der um meinen vorigen elenden zustand gewust hatte,   25
diese meine Erlösung nicht ohne thränen erzehlen, darüber er sich mit mir erfreuete.

---

343 Vgl. 1Kor 3,2; 1Petr 2,2; Hebr 5,12 f.
344 Ps 36,8–10. – Vgl. *Friedrich de Boor:* „Geistliche Trunkenheit" und „gött-
     liche Wollust". August Hermann Franckes Beitrag zur Auslegungsge-
     schichte von Psalm 36,8–19. In: Pietismus und Neuzeit 28 (2002 [2003]),
     S. 118–146.
345 M. Luther: Werke. Kritische Gesamtausgabe (WA), Deutsche Bibel, Bd. 7,
     S. 10/11, Z. 6–9 und Z. 16–19.
346 Kühne.
347 H[eilige] G[eist].

Des mittewochens drauff verrichtete ich nun auch die mir auffgetragene predigt mit großer Freudigkeit des hertzens, und aus wahrer göttlicher überzeugung über den oben angeführten <31> vers. des XX Cap. Johan-
5 nis, und kunte da mit warheit sagen aus 2. Cor: IV.[348] *Dieweil wir nun eben denselbigen Geist des Glaubens haben, nachdem geschrieben stehet, ich gläube darum rede ich, so glauben wir auch, darum reden wir auch.*

Und daß ist also die zeit, dahin ich eigentlich meine
10 warhafftige bekehrung rechnen kan. Denn von der zeit her hat es mit meinem Christenthum einen bestand ge-habt, und von da an ist mirs leicht worden zu verleug-nen das ungöttliche wesen, und die weltliche lüste, und züchtig, gerecht und gottseelig zu leben in dieser
15 welt,[349] von da an habe mich beständig zu Gott gehalten, beforderung, Ehre und ansehen für der welt, Reich-thum, gute Tage und äusserliche weltliche Ergetzlig-keit, für nichts geachtet, und da ich vorhin mir einen götzen aus der Gelehrsamkeit gemachet, sahe ich nun
20 daß Glaube wie ein Senffkorn[350] mehr gelte als hundert Säcke voll Gelehrsamkeit, und daß alle zu den Füssen Gamalielis[351] erlernete wissenschafft als dreck zu ach-ten sey gegen die überschwengliche Erkentniß Jesu Christi unsers herrn.[352] Von da an habe auch erst recht
25 erkant, was Welt sey, und worinnen sie von den Kindern Gottes unterschieden sey.

Denn die welt fienge auch bald an mich zu hassen und anzufeinden, oder einen wiederwillen und verdruß über mein thun spüren zu lassen, auch sich zu beschweren

---

348 2Kor 4,13; vgl. S. 20, Z. 14.
349 Tit 2,12.
350 Mt 17,20.
351 Vgl. Apg 22,3; Gamaliel war Paulus' Lehrer der jüdischen Religion vor sei-ner Bekehrung; er steht hier als Metapher für (an sich wertvolle) Gelehr-samkeit ohne Wiedergeburt.
352 Phil. 3,8.

oder mit worten mich anzustechen, daß ich auff ein
ernstliches Christenthum mehr, als sie etwa nöthig ver-
meynten, drunge. Aber ich muß auch hierinnen die
große treue und weißheit Gottes rühmen, welche nicht
zulässet, daß ein schwaches kind durch alzu starcke 5
speise, eine zarte pflantze durch einen alzu rauhen
wind verderbet werde, sondern er weiß am besten wenn
und in welcher maaß[353] er seinen kindern etwas aufle-
gen, und dadurch ihren Glauben prüffen und leutern
soll. Also hat mir es auch nie an prüffungen gefehlet, 10
aber Gott hat dabey meiner Schwachheit allezeit ge-
schonet, und mir erst ein gar geringes, und dann nach
und nach immer ein größeres maaß des Leidens zuge-
theilet, da mir aber allezeit nach der von ihm ertheilten
Göttlichen Krafft das letztere und größere viel leichter 15
worden zu tragen, als das erste und geringere.

---

353 Im 18. Jahrhundert noch weiblichen Geschlechts.

Textkritischer Apparat zum *Lebenslauff*

Zeichenerklärung:

/.../	interlinear eingefügt.
{...}	vom Rande her zugewiesen.
...] + ...	auf das angegebene Wort des Textes folgt.
<...>	gestrichener Text.
←	durch Überschreiben verändert aus.
[...]	Herausgeberkommentar.
:	statt.
cj	Konjektur, Verbesserung einer im Original nicht verständlichen Textstelle durch den Herausgeber.

Bei mehrmaliger Veränderung des Textes werden die jeweiligen Fassungen mit ihren Korrekturen in umgekehrter Reihenfolge aufgeführt.

S. 7, Z. 2:   Diaconi] + [Lücke, in die ein Wort von ca. zwölf Buchstaben hätte eingefügt werden können; möglicherweise ist die Lücke nur dadurch bedingt, dass der Titeltext zentriert dargestellt werden sollte.]

S. 8, Z. 2:   / Keys: ... ält. /.

S. 8, Z. 4:   liebe ← liebliche.

S. 8, Z. 9:   / anfänglich /.

S. 8, Z. 12–14: (3) { mir mehrentheils zu hause, theils aber auch ausserhalb hauses privat Præceptores gehalten. Gott hat mir eine }: (2) < mir / theils / zu Hause Præceptores gehalten, / theils / >: (1) mir zu Hause Præceptores gehalten, <welches auch meine Mutter, da ich im siebenden Jahr meines alters meinen Vater verlohren, also fortgesetzet hat, und so viel mit beyrahten guter Freunde < und Gönner > geschehen können, ihres Orts nicht gerne etwas an guter aufferziehung ermangelen lassen. Eine >.

S. 8, Z. 14:   Gottes,] + < hat >.

S. 8, Z. 15:   amt] + < hat mir Gott >.

S. 9, Z. 1–15:   (3) { Von meinem vater ... von Gott abgewendet, biß ich in meinem 11ten biß 12 Jahr, so viel ich mich erinnere, da ich wieder unter eigener Præceptorum privat auffsicht lebte, auffs neue erwecket ward durch: (2) < / Doch hatte sich solches im / 11ten biß 12ten Jahr meines alters hat sich solches insonderheit nachtrücklich herfürgethan. Denn da erweckte mich Gott sonderlicher. (1) < Im > 11ten biß 12ten Jahr meines alters hat sich solches insonderheit nachtrücklich herfürgethan. Denn da erweckte mich Gott sonderlich.

S. 9, Z. 4:   aber] + < / ... und ich / >.

S. 9, Z. 4:   / Anno 1670 /.

S. 9, Z. 5:   / privat /: < einem >.

S. 9, Z. 5:   Præceptoribus ← Præceptori.

S. 9, Z. 12:   / ich /.

S. 9, Z. 14:   lebte] + < ich wieder >.

S. 9, Z. 15:   meiner ← einer.

S. 9, Z. 16 f.:   / nunmehr ... Franckin, /: < Person >.

S. 9, Z. 22:   / durch gute erbauliche reden /.

S. 9, Z. 23:   / gereitzet /: < eiferigst und beständigst ermahnet >.

S. 9, Z. 27:   / daß es /: < und >.

S. 9, Z. 28–30:   { (weil man es... erduldet hatte) }.

S. 9, Z. 30:   / fast /: <schon>.

S. 10, Z. 4:   ein ← eine.

S. 10, Z. 4:   (3) / zimmer /: (2) < / logiament / >: (1)< eigenen Kämmerlein >.

S. 10, Z. 9–13:   [Urspr. Fassung:] So segnete < auch > der getreue Gott, der die Fehler der Kindheit < , (die dabey nicht aussen blieben, insonderheit da auff > diesen guten anfang einer wahren Gottseligkeit von meinen damahligen anführern nicht gnugsam acht gegeben ward, <) > aus Gnaden übersähe, dazumahl sonderlich meine studia ...
{Ob nun wohl auff }] [als Nr. 1,2,3,4 ausgewiesen];
diesen guten anfang ... ward] [als Nr. 5 ausgewiesen];

So segnete ... Kindheit] [als Nr. 6 ausgewiesen].

S. 10, Z. 11: / doch /: < auch >.

S. 10, Z. 15: / des Gothischen / Gymnasii: Gymnasii < Gothani >.

S. 10, Z. 16: / Oberen /: < superiorum >.

S. 11, Z. 2: / meines ← meiner /.

S. 11, Z. 3: / geringen < Jahre > alters /: < großer Jugend >.

S. 11, Z. 12: / habe /.

S. 11, Z. 18–22: (3) < Bey dem öffentlichen Schulgehen habe ich dieses nach der zeit gemerckt, > daß es nicht gnug sey, die Jugend zur wahren Gottseligkeit anzuweisen, sondern man müsse sie auch bey Zeiten für die listige Verführung der welt warnen. [Der gestrichene Text wurde restituiert, da der Satz sonst keinen Anfang hätte]: (2) <{ Bey dem }> < öffentliche/n/ Schulgehen / habe ich dieses nach der zeit gemerckt, / > daß es nicht gnug sey, die Jugend zur wahren Gottseligkeit an/zu/weisen, sondern man müsse sie auch bey zeiten für die listige Verführung der welt warnen: (1) <Das> öffentliche Schulgehen < war der anfang zu meiner abermahligen Verführung. Daher mir allezeit dieses zu einer Regel hat dienen müssen, > daß es nicht gnug sey, die Jugend zur wahren Gottseligkeit anweisen, sondern man müsse sie auch bey zeiten für die listige Verführung der welt warnen <, oder daß sie nicht allein in Einfältigkeit der Tauben, sondern auch in Klugheit der Schlangen müsse erzogen werden. >

S. 12, Z. 2: Strom] + < sich >.

S. 12, Z. 8: Jugend,] + < sich >.

S. 12, Z. 11: gehalten worden.] + < Da ich >.

S. 12, Z. 12–21: { An meinem Ort... ich erst }.

S. 12, Z. 17: es ← [..?].

S. 12, Z. 21: das ← die.

S. 12, Z. 21: / Gymnasium /: < öffentliche Schule >.

S. 12, Z. 26: Exempel] + < täglich >.

S. 12, Z. 28: / nach und nach /: < allmählich >.

S. 13, Z. 5: / anfänglich /.

S. 13, Z. 17:   / zuzunehmen /: < einen rechtschaffenen Grund zu legen >.

S. 13, Z. 21:   / in der /: < den >.

S. 13, Z. 21:   / Sprache /: < stylum auffs höchste zu treiben suchte, und >.

S. 13, Z. 22:   / leichten und natürlich fliessenden Schreib= /: < æquablen und gleichen >.

S. 13, Z. 22:   art] + < zu schreiben >.

S. 13, Z. 23:   / wolte / : < kunte >.

S. 13, Z. 23:   / sondern diejenigen / { Auctores am meisten ... imitirte, }.

S. 13, Z. 27:   mir] + < nach >.

S. 14, Z. 1:   / Epistolis /.

S. 14, Z. 8:   heydnische ... Laster ← < die > heydnischen / Reden und heydnische / Laster.

S. 14, Z. 9 f.:   / welche ... fürgestellet /.

S. 14, Z. 10–16:   { Welchen Fehler ... stecket, }: < Welches leyder nicht bey mir allein also gewesen, sondern heut zu tage mehr als zu gemein ist, >.

S. 14, Z. 18:   wenigsten] + < daraus fliessen und >.

S. 14, Z. 20 f.:   / lernenden /: < discipulo >.

S. 14, Z. 26:   / können /.

S. 15, Z. 1:   / als /.

S. 15, Z. 4:   < mehr als >: cj.

S. 15, Z. 19:   des ← [...].

S. 16, Z. 5 f.:   / nebst ... Metaph. /.

S. 18, Z. 4 f.:   / und inspection /.

S. 18, Z. 5:   / ich /: < mir >.

S. 18, Z. 5:   die ← den.

S. 18, Z. 5:   Alumnii ← Alumni < s >.

S. 18, Z. 8:   { oder Trinit: }.

S. 18, Z. 9:   studia] + < auch >.

S. 18, Z. 12:   insonderheit] + < auch >.

S. 18, Z. 14:   { fürnehmlich } : <insonderheit>.

S. 19, Z. 15 f.:   / verstricket /: < vertieffet >.

S. 19, Z. 17:   / nothwendig, /: < necessarium >.

S. 19, Z. 18 f.:   { auch nur … angegeben wird, }: < doch nur ein or-
namentum der übrigen Studien mögen genennet wer-
den, >.

S. 20, Z. 5:   recommendiret ← recommendirte.

S. 20, Z. 6–16:   { Daneben wolte ich auch predigen lernen, und ge-
rieth über den / von einigen so genanten / methodum
Helmstadiensem,… getrauete mich auch in öffentlicher Gemeine / in der Stadt und auff dem Land /zu
predigen, … thäte. }.

S. 20, Z. 17 f.:   / herrn D. Kortholti /: < seine >.

S. 21, Z. 7:   ärg/er/lichen ← ärg<st>lichen.

S. 22, Z. 4:   Taht] + < nichts >.

S. 22, Z. 17:   / phantasie schwebte /: < in der Einbildung bestünde >.

S. 22, Z. 18:   concept ← […].

S. 23, Z. 3 f.:   { darmit ich der guten Gewohnheit ein gnügen thäte,}
: < als ein opus operatum >.

S. 23, Z. 17 f.:   anfang] + < in >.

S.23, Z. 18 f.:   wissenschafft ← wissenschafften.

S. 23, Z. 20–22:   (3) { sich mit der Grammatica und dem analysiren sehr
lange auffhält, ehe man die bibel selbst durchzulesen
sich getrauet. }: (2) < die grammaticam recht, und
völlig lernen wil, / auch durch vielfältiges analysiren /
{ excoliren wil } ehe man mit Ernst die bibel durchzulesen sich getrauet >: (1) die grammaticam recht,
und völlig lernen wil, ehe man mit Ernst die bibel
durchzulesen sich getrauet.

S. 24, Z. 15:   ward,] + <nach der>.

S. 24, Z. 18:   { absolviren, und dann } : <tractiren>.

S. 24, Z. 19:   { grammaticam gründlicher zu erlernen, } : <zu ube-
riorem cognitionem Grammaticæ >.

S. 24, Z. 19:   { erlernen } : < / tractiren / >.

S. 24, Z. 20:   / tertia /: < secunda >.

S. 25, Z. 2:   / zu tractiren /.

S. 25, Z. 11:   / und / mit.

S. 26, Z. 1:   ich] + mich [von Francke zu streichen vergessen].

S. 26, Z. 1:   < seiner >: cj.] seinen [erg. Zug s. u.].

S. 26, Z. 1:   / hand /: < Zug >.

S. 26, Z. 1:   / die /: < dadurch er >.

S. 26, Z. 12:   / nach /.

S. 26, Z. 12:   { trachten } : < zu suchen >.

S. 26, Z. 26:   war] + < ich >.

S. 27, Z. 2:   / guten theils /.

S. 27, Z. 8 f.: / der seine Zeit / { nicht übel angewant, ward auch von vielen lieb und wehrt gehalten, } : < den man auch lieb und wehrt hatte >.

S. 28, Z. 1 f.: / so ich … dancke, /.

S. 28, Z. 2:   hertzen] ♡ en.

S. 28, Z. 4:   Symbolicos, ein] + < disput >.

S. 28, Z. 7:   über] + [Lücke, ca. zehn Buchstaben breit].

S. 29, Z. 3:   auch] + < ein >.

S. 29, Z. 3 f.: Collegia Concionatoria ← Collegium Concionatorium.

S. 29, Z. 6:   < solches > cj.: selb4te [?].

S. 29, Z. 11:   / damaligen /.

S. 30, Z. 1–5:   { Daneben… gebrauchen }.

S. 30, Z. 3:   sehr] + < fü >.

S. 30, Z. 7 f.: / und… præsidendo /.

S. 30, Z. 18 f.: endete] [unsichere Lesart].

S. 31, Z. 12:   dazu] + < ge >.

S. 31, Z. 20:   Uhr] + < auff den abend >.

S. 32, Z. 9:   / zehlen kan /.

S. 32, Z. 10:   angefangen,] + < und ce >.

S. 32, Z. 14:   / in 2 collegia /: < daß eines sich das große und ältere, das andere das große Prediger collegium nennet, >.

S. 32, Z. 14:   da ← da<rinnen> + < alle 8 tage > .

S. 32, Z. 14 f.: {in einem des … Donnerst.}.

S. 32, Z. 18:   die] + < hier und dazu >.

S. 33, Z. 11:   welche er] + < damahls >.

S. 34, Z. 13:   / in oben erwehnten /: < unter >.

S. 34, Z. 14:   bestetigung] + < des co >.

S. 34, Z. 15:   welche] + < zu mehrer nachricht >.

S. 35, Z. 7:   von ← […]

S. 35, Z. 7:   I.] + < Ch… >.

S. 35, Z. 7:	Durchlaucht] + [Lücke, ca. acht Buchstaben breit].
S. 36, Z. 8:	/ von / fremde { n Orten kommende}.
S. 36, Z. 17:	textuale] + < und >.
S. 37, Z. 8:	folgete,] + < nemlich >.
S. 38, Z. 6:	einem] + < meiner >.
S. 39, Z. 8 f.:	/ da ich mich aber /: < wiewol ich mich >.
S. 40, Z. 5 f.:	{ fälschlich beygemessen worden, }.
S. 40, Z. 6:	/ irrige /.
S. 40, Z. 12:	weder] + < p >.
S. 40, Z. 28:	/ 1. Thess: V. /.
S. 41, Z. 4:	er ← […].
S. 41, Z. 4:	/ ausdrücklich /.
S. 41, Z. 6:	/ können /.
S. 41, Z. 15:	könne ← könne < n >.
S. 42, Z. 12:	/ daß er /.
S. 42, Z. 13:	/ der /.
S. 43, Z. 7:	einem] + < die >.
S. 44, Z. 24:	/ denn /: < und und >.
S. 44, Z. 24:	/ liebete die welt /: < sie >.
S. 44, Z. 24:	/ die welt /: < sie >.
S. 44, Z. 24:	mich] + liebete [von Francke zu streichen vergessen].
S. 44, Z. 27:	/ in der warheit /.
S. 45, Z. 19–27:	{ Solte ich … wäre. } [Einordnung an dieser Stelle des Textes im Manuskript nicht eindeutig].
S. 45, Z. 22:	mein Studium ← meine Studie[n].
S. 46, Z. 2:	/ an / zuflehen.
S. 46, Z. 9:	/ ungefehr /.
S. 47, Z. 10:	/ als /.
S. 47, Z. 10:	/ ich /] + < gleichsam >.
S. 47, Z. 19:	/ ich /.
S. 48, Z. 26:	/ er /: < ich >.
S. 49, Z. 7 f.:	/ aufftruge /.
S. 49, Z. 10:	studio] + mich [Dopplung].
S. 50, Z. 15:	/ ihn /.
S. 50, Z. 17:	/ fand /: < hatte >.
S. 51, Z. 6:	< können >: cj.

S. 52, Z. 8:   wahn=Glaube ← wahn=Glaube<n>.

S. 52, Z. 16:   an ← in.

S. 52, Z. 17:   einem ← einer.

S. 52, Z. 17:   / Ort /: < Ecke >.

S. 53, Z. 20:   habe ← habe< n >

S. 53, Z. 29:   sondern [...].

S. 54, Z. 1:   dem ← der.

S. 54, Z. 2:   / Grunde der /.

S. 54, Z. 11:   endlich ← entlich.

S. 54, Z. 13:   mir ← mich.

S. 54, Z. 32:   solcher ← solchem.

S. 55, Z. 1:   Da] [schwungvolles Anfangs-D mit vorausgehendem
                 Spatium].

S. 56, Z. 18:   war ← < g >war.

S. 56, Z. 26:   / alzu /: < desto >.

S. 56, Z. 26:   ich ← ichs.

S. 58, Z. 6:   < 31 >: cj] 21.

S. 58, Z. 18:   vorhin] + < f >.

Kurtze, iedoch gründliche Nachricht,
von dem sehr merckwürdigen und erbaulichen Lebens=Lauffe Des weyland[1] Hoch=Ehrwürdigen, in GOtt Andächtigen und Hochgelehrten Herrn, Herrn August Hermann Franckens, Hochberühmten Profess. SS. Theol. Ord.[2] auf der Königl. Preuß. Friedrichs=Universität,[3] treu=wachsamen Pastoris bey St. Ulrich, und treu=fleißigen Scholarchæ Senioris[4] des Gymnasii in Halle, auch väterlich=gesinnten Directoris des Pædagogii Regii,[5] und Wäysen=Hauses,[6] in Glaucha, an Halle,[7] Eines um die Evangelisch=Lutherische Kirche hoch=meritirten[8] Theologi, auf vieler Verlangen, andern zum Exempel, Muster und Erbauung, aus den Personalien,[9] und einzelnen Zeugnissen grosser und gewissenhaffter Theologorum, JCtorum, Medicorum, Philosophor.[10] &c. ertheilet von einem Erzogenen[11] unter des wohlsel.[12] Mannes ehemaligen Wäysen – Büdingen, 1728.

1   Ehemals.
2   Profess[oris] S[acro]S[anctae] Theol[ogiae] Ord[inarii]: des ordentlichen Professors der hochheiligen Theologie; s. Anm. 194.
3   Königl[ichen] Preuß[ischen] Friedrichs-Universität: die 1694 offiziell eröffnete Universität Halle, benannt nach ihrem Gründer Friedrich III. von Brandenburg, dem späteren Friedrich I. König in Preußen.
4   Ranghöchster (ältester) Schulaufseher des Gymnasiums in Halle.
5   S. Anm. 189.
6   S. Anm. 16.
7   S. *Lebenslauff*, Anm. 7.
8   Verdienten.
9   Die (gedruckte) Lebensbeschreibung eines Verstorbenen als Teil der Trauer- oder Leichenpredigt.
10   J[uris]C[onsul]torum; der Theologen, Juristen, Mediziner und Philosophen (entsprechend den vier traditionellen Fakultäten in ihrer Rangordnung).
11   Der Verfasser oder Kompilator der *Kurtzen Nachricht* ist nicht bekannt.
12   Wohlsel[igen]: Bezeichnung für einen Verstorbenen.

Vorrede.
Hoch= und Viel=geehrte, auch geliebte Leser!

NIcht was so viele grosse, wackere, ansehnliche und ge-
5 wissenhaffte Theologi, JCti,[13] Medici, Philosophi von Hö-
ren=Sagen vernommen, sondern, was Sie Selbsten an,
und von dem wohlsel. *Hrn.*[14] Prof. *Francken,* als Collegen, Haus=Genossen, genau=Bekannte, und Auditores,[15] mit ihren Augen gesehen, mit ihren Ohren gehöret,
10 folglich gewiß erfahren haben, und nach der Warheit von
Seinem Lebens=Lauffe berichten können, wird Denselben hiermit zwar kürtz= doch gründlich aufs neue vor
Augen geleget. Die Ursachen sind: 1) Weil viele das
Merckwürdigste, was in einem besondern, im Glauchi-
15 schen Wäysen=Hause[16] in Folio gedruckten Volumine,[17]
auch in einer[18] von Herrn Past.[19] Freylinghausen a parte
edirten Predigt in 12mo,[20] hin und wieder zerstreuet, be-
findlich ist, in einer Serie lesen wollen: 2) Den Armen, die
auch gern zu wissen verlangen, was der treue GOTT an
20 dem Wohlseligen gethan, und durch Ihn an andern hat
thun lassen, darunter zu dienen: 3) Die Ehre des grossen
GOttes zu befördern: und 4) denen, die es annehmen wollen, den rechtschaffenen Glauben, und das exemplarische
Leben des Wohlseligen zu einem Exempel und Muster un-

---

13 J[uris]C[onsul]ti: Rechtsgelehrte.
14 H[er]rn.
15 Hörer (von Vorlesungen).
16 Das von Francke gegründete Waisenhaus in dem südlich von Halle gele-
    genen Amtsstädtchen Glaucha, heute zu Halle gehörig; vgl. Anm. 187.
17 Sammelband der in Folioformat gedruckten Trauerschriften auf Francke
    in einem schwarz eingebundenen Exemplar in der Bibliothek der Francke-
    schen Stiftungen, Halle a. S. (Signatur: 222 A 30).
18 In der Vorlage folgt „besondern"; hier entsprechend den Corrigenda (S.
    131, Z. 7) getilgt.
19 Past[or].
20 Zu der gesondert (*a parte*) von den Trauerschriften herausgegebenen, ge-
    druckten Erinnerungspredigt an Francke von seinem Schwiegersohn
    Johann Anastasius Freylinghausen (s. Anm. 109) im zierlichen Duodez-
    format s. S. 172 (vgl. Quellen und Literatur, 1).

geheuchelter Nachfolge vorzustellen. Solten es sich über
dieses 5) Desselben gewesene Intimi,[21] und geschicktere
Freunde, darzu dienen lassen, die Hand selbst anzule-
gen, und Sein Leben, noch in besserer Ordnung, der
Christl.[22] Kirche zu communiciren,[23] würde ich mir und   5
andern diesfalls von Hertzen gratuliren. Daß sich aber
ein Erzogener unter des wohlsel. Herrn Professoris ehemaligen Wäysen hierzu gebrauchen lassen, geschiehet
deshalben: daß er frey und öffentlich bekennen möge,
wie er von denen Stücken und Verrichtungen, welche   10
binnen 30 Jahren, und etwas drüber, geschehen, und von
Andern in diesem Lebens=Lauffe berühret worden, grösten Theils mit ein lebendiger Zeuge sey, so lange der
HErr will: nicht weniger, daß er Gelegenheit habe, den
Christlichen Lesern zuzurufen: Gedencket an diesen,   15
und andere rechtschaffene Lehrer, die Euch das Wort
GOttes gesagt haben, welcher Ende schauet an, und fol-
get Ihrem Glauben nach![24] Ich wünsche es, GOtt gebe es!
[kleiner Holzschnitt]
†††   20

WAs des selig verstorbenen, weyland Hoch=Ehrwürdi-
gen, in GOTT Andächtigen und Hochgelahrten Herrn
August Hermann Franckens Herkommen, Geburt, Auf-
erziehung, Leben, Wandel, Kranckheit und seligen Ab-   25
schied aus dieser Welt betrifft, so verhält sichs damit,
kürtzlich, also:

Es ist derselbe in der Kayserl.[25] freyen Reichs=Stadt
Lübeck, von Christlichen und daselbst wohl angesehe-   30
nen Eltern, zur Welt gebohren, im Jahr 1663. den 12ten

---

21 Enge Freunde.
22 Christl[ichen].
23 Mitzuteilen.
24 Hebr 13,7.
25 Kayserl[ichen].

Martii[26] st.v.[27] und ist dessen Herr Vater gewesen Herr *Johann Francke,*[28] vornehmer JCtus, und damaliger Syndicus[29] bey dem Dom=Capitul des Stiffts,[30] und gesammten Land=Ständen des Fürstenthums Ratze-
5 burg, welcher, in seinen letzten Jahren, bey Sr. Hoch=Fürstl. Durchl.[31] zu Sachsen=Gotha, ERNESTO PIO,[32] Hof= und Justitz=Rath gewesen; Die Frau Mutter aber *Frau Anna,* gebohrne Gloxinin,[33] eine Tochter Herrn *David Gloxins,*[34] ältesten Bürgermeisters zu Lü-
10 beck.

Diese seine liebe Eltern haben so fort Sorge getragen, daß derselbe der Heil. Tauffe,[35] als des Bades der Wiedergeburt,[36] theilhafftig worden, da er denn *August*
15 *Hermann* genennet worden.

Anno 1666. kam er, mit seinen lieben Eltern und Geschwistern[37] nach Gotha:[38] verlohr aber daselbst seinen Herrn Vater gar frühzeitig, nemlich anno[39] 1670. den

---

26 März.
27 St[yli] v[eteris]: Alten Stils; nach der Zählung des durch die gregorianische Kalenderreform von 1582 überholten julianischen Kalenders; der 12. März Alten Stils ist der 22. März Neuen Stils. Die zunächst nur in den römisch-katholischen Ländern eingeführte gregorianische Kalenderreform von 1582 ist bis 1700 auch von allen protestantischen Territorien übernommen worden. Die Differenz von 10 Tagen zwischen Altem und Neuem Stil vergrößerte sich für das 18. Jahrhundert ab dem 1. März 1700 auf 11 Tage.
28 S. *Lebenslauff,* Anm. 9.
29 Rechtsgelehrter und Rechtsbevollmächtigter einer Korporation.
30 Domkapitel des in der Reformationszeit und über den Westfälischen Frieden hinaus erhalten gebliebenen, protestantischen Bistums Lübeck, dessen Fürstbischof in Eutin residierte.
31 S[eine]r Hoch=Fürstl[ichen] Durchl]aucht].
32 S. *Lebenslauff,* Anm. 11.
33 S. *Lebenslauff,* Anm. 13.
34 S. *Lebenslauff,* Anm. 14.
35 Heil[igen]. – S. *Lebenslauff,* Anm. 16.
36 Tit 3,5.
37 S. *Lebenslauff,* Anm. 19.
38 S. *Lebenslauff,* Anm. 18.
39 Im Jahr
40 April[is].

30. April.[40] da der Selige kaum das siebende Jahr zurück gelegt hatte. Bey Lebzeiten seines Herrn Vaters, und auch etliche Jahre, nach desselben tödtlichem Hintritt, wurde er, auf sorgfältige Veranstaltung seiner Frau Mutter, von Privat-Præceptoribus[41] unterrichtet, darauf anno 1676. in dasiges Hoch=Fürstl. und sehr berühmtes Gymnasium[42] gebracht, in folgendem Jahr aber, als einer, der auf Universitäten zu gehen tüchtig sey, daraus schon wieder dimittiret.[43]

Doch hielt er sich noch zwey Jahr zu Hause auf, excolirte,[44] unter privat-Anführung des Sub-Conrectoris, Herrn Hessens,[45] auch vornemlich durch eigene Bemühung, das Studium Philologicum[46] weiter, legte sich sonderlich auf die Griechische Sprache, und machte so wol in der Philosophie, als auch in der Theologie selbst einen Anfang, bis er, anno 1679. um Ostern, auf die uhralte Universität nach Erfurt[47] zog, da er von einer gelehrten Person, Nahmens *Conrad Rudolph Hertz*,[48] in der Logic, Metaphysic, Geographie, und in der Historie der Gelahrtheit wohl, auch einiger massen in der Hebräischen Sprache unterrichtet worden.

Hierauf wandte er sich, noch in selbigem Jahre, um Michaelis,[49] auf die Universität Kiel,[50] und wurde von dem seligen Theologo, D. *Christian Kortholten*,[51] ins

---

41 S. *Lebenslauff*, Anm. 20.
42 S. *Lebenslauff*, S. 10, Z. 14 f.
43 (Nach erfolgreichem Schulbesuch aus der Schule) entlassen.
44 S. *Lebenslauff*, S. 11, Z. 2 f. und Anm. 61.
45 Georg Hess (1613–1694), seit 1637 Konrektor, seit 1673 Rektor des Gothaischen Gymnasiums.
46 Sprachwissenschaftliches Studium (anhand des Lateinischen und Griechischen).
47 Gegründet 1379/1389 als erste alle vier Fakultäten umfassende Universität in Deutschland, erlebte sie nach der Reformation starken Verlust an Zulauf und Bedeutung und wurde 1816 aufgehoben.
48 S. *Lebenslauff*, Anm. 67.
49 29. September.
50 S. *Lebenslauff*, Anm. 97.
51 D[oktor]. – S. *Lebenslauff*, Anm. 93.

Hauß, und an den Tisch, aufgenommen. Hier besuchte er nun vor andern beständig die Collegia publica und privata[52] ietztgenannten Theologi, und des Herrn D. *Morhoffs*,[53] disputirte auch mehrmalen privatim opponendo
5 & respondendo.[54] Er hörete des erstern Lectiones de officio ministrorum ecclesiæ,[55] wie auch desselben Collegium über die Kirchen=Historie, nebst einer Erklärung des Eusebii Historiæ Ecclesiasticæ:[56] da denn auch erwehnter Theologus, in dergleichen Lectionen,[57] Gelegen-
10 heit nahm, die Theologiam dogmaticam[58] fleißig zu erläutern. Ja es gab sich dieser sonst mit Arbeit sehr beladene Mann die Mühe, unsern Seligen, und des in der Evangelischen Kirche hochbeliebten Lehrers, weyl. *Christian Scrivers*,[59] *Sohn*,[60] in Philosophia instrumen-
15 tali & theoretica, privatissime[61] zu unterweisen: nahm ihn auch offt mit in seine Bibliothec, machte ihm die besten Bücher bekant, und zeigte ihm besonders, wie er das Studium Historiæ Ecclesiasticæ[62] nützlich tractiren[63] könte. Herrn D. *Morhoff* hörete Er, in dem Collegio poly-
20 historico,[64] und empfieng auch von ihm eine Anweisung in der Lateinischen Oratorie.[65]

---

52   Öffentliche und private Vorlesungen.
53   S. *Lebenslauff*, Anm. 105.
54   In Privatdisputationen trat er als Respondent (Verteidiger auf die Einwürfe gegen die aufgestellten Thesen) oder als Opponent (Kritiker, der gegen die aufgestellten Thesen Einwürfe vorbringt) auf; die Disputation war eine übliche Einrichtung des universitären Lehrbetriebs, die das öffentliche Argumentieren schulen sollte.
55   S. *Lebenslauff*, Anm. 123.
56   S. *Lebenslauff*, Anm. 121, 122.
57   Vorlesungen.
58   Derjenige Zweig der Theologie, der die Glaubenslehren entfaltet.
59   Christian Scriver (1629–1693), seit 1667 Pfarrer in Magdeburg, seit 1690 in Quedlinburg; im 17. Jahrhundert besonders als Erbauungsschriftsteller bekannt.
60   Johann Gottfried Scriver (Lebensdaten nicht bekannt); vgl. *Lebenslauff*, Anm. 96.
61   In Logik und theoretischer Philosophie privat unterrichtet.
62   Das Studium der Kirchengeschichte.
63   Behandeln.
64   S. *Lebenslauff*, Anm. 110.
65   Rede(kunst).

Anno 1682, da Er sich wieder nach Gotha begeben muste,[66] blieb Er, auf solcher Zurückreise, zwey Monathe, zu Hamburg, bey dem berühmten Herrn Esdra Edzardo,[67] dessen Anführung in der Hebräischen Sprache zugeniessen; die ihm auch so wohl zustatten kommen, daß Er hernach, in Gotha, mit erwünschtem Success,[68] in einer Zeit von anderthalb Jahren, nebst der Repetition[69] der bisherigen Academis. Studien,[70] die Hebräische Bibel sechs bis sieben mal durchgelesen, und solcher gestalt in dem Grund=Text des Alten Testaments eine vortreffliche Erfahrenheit erlanget hat. Hieselbst fand Er auch Gelegenheit, die *Frantzösische* Sprache zu erlernen, gleichwie er vorhin, in Kiel, die *Englische* schon begriffen hatte.

Anno 1684. um Ostern, zog Er auf die berühmte Leipzigsche Universität,[71] auf Veranlassung Herrn *Wichmannshausen,*[72] welcher, in folgender Zeit, Professor Hebrææ Linguæ zu Wittenberg worden, und daselbst erst neulich mit Tode abgegangen ist, der Seine Information[73] im Hebräischen verlangte. Er hat also mit gedachtem Herrn *Wichmannshausen* die Hebräische Bibel durchtractiret, dabey aber selbst seine übrigen Studia fortgesetzet, unter der Anführung des Herrn D. Olearii senioris,[74] Herrn D. *Rechenbergs,*[75] damals Professoris Græcæ Linguæ & Historiarum, des Herrn D. *Cypriani,*[76] damaligen Professoris Physices, und anderer mehr.

---

66 S. *Lebenslauff,* Anm. 140.
67 S. *Lebenslauff,* Anm. 144.
68 Erfolg.
69 Wiederholung.
70 Academis[chen] Studien: Universitätsstudien.
71 S. *Lebenslauff,* Anm. 169.
72 S. *Lebenslauff,* Anm. 168.
73 Unterricht.
74 S. *Lebenslauff,* Anm. 184.
75 S. *Lebenslauff,* Anm. 178.
76 S. *Lebenslauff,* Anm. 182.

Nebst der Theologie und Philosophie, übte Er sich auch weiter in der Griechischen Sprache, und andern Studiis humanioribus,[77] und machte sich zugleich das *Rabbinische*[78] und die *Italiänische* Sprache bekant.

5 So hat er auch vielen Fleiß auf die Homiletic,[79] wie sie zu Leipzig getrieben wurde, gewandt, und mehrmalen in öffentlichen Kirchen=Versammlungen[80] geprediget. Er ist darnebst in der meisten Herren Professorum und anderer Gelehrten Bekantschafft kommen, und von ih-
10 nen insgesammt geliebet worden.

Damals wurde Er auch, bey einer gewissen Gelegenheit, mit dem alten Schwartzburg=Rudolstädtischen Herrn Cantzler, dem frommen *Ahasvero Fritschen*,[81] bekant.

15

Anno 1685. hat Er den gradum Magisterii[82] angenommen, und sich durch eine Disputation de Grammatica Hebræa[83] habilitiret,[84] Collegia zu halten: dergleichen Er auch darauf zum Dienst der Studiosorum[85] unter-
20 schiedliche angestellet. In folgendem Jahre fieng Er mit etlichen andern Magistris daselbst ein Collegium Philo-Biblicum[86] an, um sich in dem Studio exegetico[87] zu

---

77 Humanistische, vornehmlich philologisch-rhetorische Studien.
78 Das nachbiblische Hebräisch der jüdischen Gelehrten (Rabbiner) und die rabbinische Literatur.
79 Lehre von der Predigt.
80 Gemeindegottesdienst.
81 Ahasver Fritsch (1629–1701), seit 1661 als Jurist (Hof- und Justizrat, Kanzler) in Diensten der Grafen von Schwarzburg in Rudolstadt (Thüringen); erfolgreicher Erbauungsschriftsteller des 17. Jahrhunderts und enger Freund Philipp Jacob Speners.
82 S. *Lebenslauff*, Anm. 199.
83 Dissertatio Philologia De Grammatica Hebraica, Leipzig: Christoph Fleischer; (als Praeses) vorgetragen laut handschriftlicher Notiz auf dem Exemplar der Bibliothek der Franckeschen Stiftungen in Halle (Sign.: 76 C 7 [36]) am 18. Juli 1685.
84 S. *Lebenslauff*, Anm. 200.
85 Studenten.
86 S. *Lebenslauff*, S. 31–37.
87 Exegetisches Studium (Schriftauslegung).

üben: welches auch in denen Seelen einiges Gutes gewircket, und ein Verlangen nach der lebendigen Krafft
des Christenthums erwecket; so auch noch ietzo da-
selbsten von gewissen Magistris fortgesetzet wird.

Damals besuchte Er auch, auf eine kurtze Zeit, die   5
Wittenbergische Universität, um die dasige Theologos
und andere berühmte Männer kennen zu lernen, welche Ihm auch einen gar liebreichen Zutritt verstattet
haben.

                                                  10

Um Michaelis 1687. empfieng er zum andern mal das so
genannte Stipendium Schabbelianum,[88] gleichwie er
solches vorhin zu Kiel genossen hatte. Es wurde aber
dabey von dem Collatore[89] desselben verlanget, daß Er
sich, auf eine Zeitlang, nach Lüneburg, zu dem Herrn   15
Superintendenten, *Sandhagen*,[90] begeben solte, um
sich von demselben in Exegesi,[91] und zwar sonderlich
der Propheten, und in der Harmonie der Evangelisten[92]
unterrichten zu lassen. Welchem dann der Selige sofort
nachkam, und nach Lüneburg, über Magdeburg, allwo   20
Er mit dem sel. *Christian Scrivern* in Bekantschafft ge-
rieth, reisete.

Es ist bisher unterschiedliches von dem Lauff seiner
Studien angeführet worden: nun achtet man sich verbunden, etwas zu melden, von den Wegen GOttes,[93] dar-

---

88   S. *Lebenslauff*, S. 49, Z. 1–10.
89   Derjenige, der etwas (hier: das Stipendium) verleiht; Kollator der Schab-
     belstiftung war damals Franckes Onkel (mütterlicherseits) Anton Hein-
     rich Gloxin (1645–1690), Syndikus und Advokat in Lübeck; vgl. *Lebens-
     lauff*, Anm. 89.
90   S. *Lebenslauff*, Anm. 316.
91   In der Schriftauslegung.
92   Evangelienharmonie; Versuch, die Geschichten aller vier Evangelien in
     eine historisch-chronologische Darstellung zu bringen; vgl. K. H. Sandha-
     gen: Kurze Einleitung / Die Geschichte unsers Herrn Jesu Christi und der
     heiligen Apostel / nach ihrer Zeit = Ordnung / [...] zu betrachten, Lüneburg
     1684 (²1688).
93   Das gottgefällige Leben.

auf seine Seele, in Annehmung des rechtschaffenen Wesens, das in Christo ist,[94] geleitet worden.

Es hat der nunmehr selige Herr Professor mehrmalen erzehlet, wie Er allbereits in seiner zartesten Jugend, sonderlich von dem zehenden Jahre seines Alters an, den Göttlichen Zug[95] gar kräfftig an seiner Seele verspüret, und wie Er dadurch angetrieben worden, nicht nur an dem, womit solches Alter die Zeit unnütz hinzubringen, und sich sonst zu versündigen pfleget, fernerhin keine Gemeinschafft zu haben; sondern sich auch von den Seinigen eine eigene Kammer[96] auszubitten, damit Er daselbst in der Stille studiren und bethen könte; worin man Ihm auch willfahret habe. Er habe sich dabey zu derselben Zeit erinnert der Worte Christi: Matth. 6, 6. *Wenn du betest, so gehe in dein Kämmerlein, und schleuß die Thür zu.*[97] Wenn Er nun von seinem Præceptore kommen, sey Er in seine Kammer gangen, habe erstlich die Thür verschlossen, dann seine Knie gebeuget, seine Hände gen Himmel aufgehoben, und insonderheit dieses Gebet, welches er nicht anderswo gelesen oder gelernet, sondern, das so aus seinem Hertzen geflossen, gethan: *Lieber GOtt, es müssen ja allerhand Stände und Handthierungen*[98] *seyn, die doch endlich alle zu deiner Ehre gereichen; aber ich bitte dich, du wollest mein gantzes Leben bloß und allein zu deiner Ehre lassen gerichtet seyn.*

Er habe zu der Zeit nicht gewust, wie gut solches Gebet sey; habe aber hernach, bey reifern Jahren, wohl erkannt, daß Er nicht also würde gebethet haben, wenns

---

94 S. *Lebenslauff,* Anm. 57.
95 Vgl. Joh 6,44.
96 S. *Lebenslauff,* Anm. 28.
97 Mt 6,6.
98 Die gesellschaftlichen Stände (politischer, kirchlicher und wirtschaftlicher Stand) und Handwerke.

GOtt nicht in Ihm gewircket hätte.[99] Es sey Ihm, auf diesem guten Wege, wohl zu statten kommen das Exempel einer von seinen Schwestern,[100] welche, von Jugend auf, GOTT hertzlich gefürchtet, aber auch gar zeitlich in die Ewigkeit eingegangen. Diese habe Ihn zur Lesung Heiliger Schrifft, *Johann Arnds wahres Christenthum,*[101] und anderer guten Bücher, angeführet, und Ihn, durch ihren erbaulichen Wandel, zur Nachfolge sehr erwecket. Ob nun wol dieses erste Feuer nicht gantz und gar verloschen, so bedaure Er doch höchlich, daß er keinesweges treu genug in solcher Gnade gewesen. Und ob Ihm gleich öffters eine neue Erweckung wiederfahren, so beklage er doch, daß es Ihm immer gar sehr an der Beständigkeit gefehlet, und daß insonderheit die bösen Exempel, und der Mangel der höchstnöthigen täglichen Ermahnungen Ihm so sehr geschadet.

Nachher, da Er sich auf Universitäten befunden, habe Ihn auch die Gnade GOttes niemals so verlassen, daß Er nicht von Zeit zu Zeit kräfftige Rührungen des Hertzens empfunden haben solte. Dahero es geschehen, daß, da Er auf einer Seite in die Welt[102] gezogen worden, Er auf der andern Seite mehrmalen den Trieb gehabt, im Verborgenen vor GOtt niederzufallen, und Ihn anzurufen, daß Er Ihn recht ändern, und zu seinem Kinde machen wolte; weil Er wohl fühle, (obgleich andere in seinen Academischen Jahren an seinem Leben und

99 Vgl. Röm 8,26–28.
100 Anna Francke (S. *Lebenslauff,* Anm. 19).
101 Johann Arndt: Vier Bücher vom wahren Christenthum (1605–1609; erste Gesamtausgabe 1610); das am weitesten verbreitete, deutschsprachige, protestantische Erbauungsbuch; es nimmt mit seiner antithetischen Alternative von Leben und Lehre und seinem Bestreben nach Erfahrung des christlichen Glaubens wesentliche Anliegen des Pietismus vorweg. – Johann Arndt (1555–1621) war Pfarrer in Braunschweig und später Generalsuperintendent des Herzogtums Braunschweig-Lüneburg in Celle.
102 Pietistisch-christliche Bezeichnung für nicht entschieden christlich lebende „Namenschristen"; vgl. 1 Joh 2,15–17; Joh 15,19 u. ö.

Christenthum nichts auszusetzen gefunden, sondern
Ihn wol andern vorgezogen,) daß Er es noch nicht wäre;
sondern Ehrsucht, Begierde alles zu wissen, Gesuch
menschlicher Gunst und Freundschafft, und andere
5 dergleichen aus der Welt=Liebe fliessende Laster, (so
aber von den wenigsten dafür erkannt, ja gar als ein Zeichen tugendhaffter Gemüther gelobet worden) Ihn be-
hersche, und daß insonderheit der immer heimlich na-
gende Wurm eines bösen Gewissens,[103] seinem Hertzen
10 keine Ruhe gelassen, sondern es, wie ein ungestümmes
Meer,[104] hin und her bewege.

In solchem Zustande habe Er denn die meiste Zeit auf
Universitäten zugebracht, bis Er gegen das Ende des
24sten Jahres seines Alters in einen grössern Ernst um
15 eine gründliche Aenderung und Besserung seiner Seele
kommen, und oftmals auf seinen Knien zu GOtt gefle-
het, daß Er Ihn in eine andere Lebens=Beschaffenheit
setzen, und Ihn zu Seinem rechten Kinde machen wolle.
GOtt habe ihn so dann bald befreyet von mancherley,
20 äusserlichen Hindernissen und Abhaltungen, und zwar
dadurch, daß er ihn an einen andern Ort, nemlich nach
Lüneburg, A.[105] 1687. geführet. Und da müsse Er nun
zum Lobe des grundgütigen GOttes bekennen, daß Lüneburg der gesegnete Ort gewesen, da GOtt, bald nach
25 seiner Hinkunfft, zwar nicht eine geringe innerliche
Anfechtung des Glaubens, in welcher ihm der Grund aller Göttlichen Wahrheit wollen zweiffelhafft gemacht
werden, und welche mit einem starcken Buß=
Kampff[106] und Traurigkeit verknüpffet gewesen, (zu
30 welchem seligen Kampff aber alle bisherige gute Bewe-

---

103 S. *Lebenslauff,* Anm. 298.
104 S. *Lebenslauff,* Anm. 299.
105 A[nno]: im Jahr.
106 Die hallesche Tradition belegt hier Franckes Bekehrungserlebnis mit dem
Terminus des Bußkampfes.

gungen lauter Göttliche Zubereitungen gewesen,) auf sein Gemüth fallen lassen, aber auch gnädiglich gehol-fen, daß solcher Kampff sich, unter anhaltendem Gebet, in einer seligen Uberwindung, kräfftigen Durch-bruch,[107] und Freudigkeit geendiget; daß er daher die 5 Stadt *Lüneburg* seine andere[108] und *geistliche Ge-burts=Stadt,* wie Lübeck die erste und leibliche, öffters genennet.

Die Sache verhält sich, nach des Herrn Past. Frey-linghausens[109] Bericht,[110] umständlicher also: Da Er 10 nach Lüneburg gekommen, ward Ihm bald nach seiner Ankunfft daselbst eine Predigt abzulegen aufgetragen; da Er denn über Joh. 20, 31. gerathen: *Diese sind ge-schrieben, daß ihr gläubet, JEsus sey CHrist, der Sohn GOttes, und daß ihr durch den Glauben das Leben ha-* 15 *bet in seinem Namen.*[111]

Er nahm sich vor, von einem wahren und lebendigen Glauben zu handeln, und wie solcher von bloß mensch-licher Einbildung und Wahn=Glauben unterschieden sey. Indem Er nun, mit allem Ernst, hierauf dencket, 20 kömmt Ihm ins Gemüth: *Du wilt*[112] *vom Glauben predi-gen, und hast selbst den Glauben nicht, auf den du in der vorhabenden Predigt bey andern zu dringen ge-denckest.* Welcher Vorwurff ihm denn dergestalt tieff ins

---

107 Metaphorisch auf den Geburtsvorgang weisende Bezeichnung für den Übergang zu einem entschiedenen Christentum durch die Wiedergeburt.
108 Zweite.
109 Johann Anastasius Freylinghausen (1670–1739), seit 1695 Adjunkt (Hilfs-prediger) August Hermann Franckes an der St. Georgenkirche in Glau-cha, seit 1715 Adjunkt an der Ulrichskirche in Halle; bekannt durch das von ihm herausgegebene Gesangbuch und seine pietistische Dogmatik *Compendium oder kurtzer Begiff der christlichen Lehre,* Halle 1707. Er wurde Franckes Schwiegersohn (s. Anm. 183).
110 Die Passage (S. 81, Z. 10 – S. 84, Z. 26) ist Zitat aus der genannten Predigt (s. S. 172 f.) Freylinghausens, S. 39–45; vgl. S. 49, Z. 21 – S. 59, Z. 3.
111 Joh 20,31.
112 Alte, im 18. und noch im 19. Jahrhundert geläufige Sprachform für „du willst".

Hertz gedrungen, daß, iemehr er sich dagegen zu retten und zu helffen gesuchet, desto stärcker hat er sich bey ihm ein= und ihm dermassen zugesetzet, daß Er auch gedachte: Wo sich keine Aenderung eräugte,[113] die ihm
5 aufgetragene Predigt wieder abzusagen, weil Er unmöglich wider sein eigen Hertz predigen, und von andern etwas fordern könte, was Er selbst nicht hätte. In solchem Vorhaben ward Er gestärcket, da, nebst dem Zweiffel, an seinem eigenen Zustande, ihm auch die
10 Wahrheit der Schrifft von dem Unglauben des Hertzens zweiffelhafft gemacht ward, und eine solche Finsterniß sein Gemüth überfiel, daß er von allem, was im Worte GOttes enthalten, ja selbst, daß ein GOtt und Göttlich Wesen sey, so gern er auch gewolt, doch nichts glauben
15 und für wahr halten konte. In solchem Zustande achtete Er sich denn für den allerelendesten unter den Menschen, und ward, über dieses, bey der grossen Macht des Unglaubens, durch das Andencken des vorhergehenden Lebens, sehr hart beängstiget; ob er gleich
20 diese seine innere Noth vor Menschen, so gut er konte, damals zu verbergen suchte; gleichwol auch nicht unterließ, mit einem und dem andern, dem er sich mit Nutz vertrauen zu können hoffete, sich davon zu besprechen: Sonderlich aber fuhr er fort mit ernstlichem
25 Gebet und Flehen auch in der grössesten Verleugnung des Hertzens: sintemal[114] er daran so gar kein Wohlgefallen hatte, daß er vielmehr, als gesagt, sich für den allerelendesten und unseligsten Menschen, der auf dem Erdboden gienge, eben darum achtete, daß er nicht
30 glauben konte, was er gern glauben wolte.

Als er denn nun einst, voller Angst und Unruhe des Hertzens, sich Abends zu Bette legen wolte, fiel er erst wieder auf seine Knie, und rief an, unter Vergiessung

---

113 Sich zeigte.
114 Da, weil, indem.

vieler Thränen, den GOTT, den er nicht kannte, noch
glaubte, um Rettung aus solchem elenden Zustande,
wenn anders wahrhafftig ein GOTT wäre.

Und siehe! da erbarmete sich der HErr, der lebendige
GOtt, über ihn, da er noch auf seinen Knien lag, von sei- 5
nem heiligen Thron, daß sein damaliges Elend nicht all-
mählig, oder nach und nach, sondern plötzlich, und wie
man eine Hand umwendet, von ihm genommen ward.
Alle das Hertz verunruhigende Zweiffel fielen auf einmal hinweg, Er ward der Gnade GOttes in Christo JEsu 10
vollkommen versichert, Er konte GOtt nicht allein
GOTT, sondern auch seinen Vater nennen, und an statt
der bisherigen Traurigkeit ward Er als mit einem Strom
der Freude überschüttet, daß Er, aus vollem Muth,
GOtt lobete und preisete, der Ihm solche grosse Gnade 15
erzeiget, und stand also vom Gebet gar anders gesinnet
wieder auf, als er sich dazu nieder geleget hatte. Denn
mit grossem Kummer und Zweiffel hatte er sich auf
seine Knie geworffen, aber mit unaussprechlicher
Freude[115] und Gewißheit stund er wieder auf, so, daß 20
wenn alle spitzfindige Geister, ja alle Teufel aus der
Hölle, ihm die Göttliche Existenz, die Wahrheit seines
Worts, und seines eigenen Gnaden=Standes, hätten
wieder verdächtig und zweiffelhafft machen wollen, sie
nichts dagegen würden vermocht haben. Ihm selbst war 25
dabey zu Muthe, als einem, der todt gewesen, und nun
wieder lebendig worden wäre,[116] und erfuhr nun, daß es
wahr sey, was Lutherus in der Vorrede über die Epistel
an die Römer vom Glauben geschrieben, daß nemlich
derselbe *ein Göttlich Werck in uns sey, das uns wandele* 30
und neu gebähre aus GOtt, den alten Adam tödte, und
uns zu gantz andern Menschen mache, von Hertzen,

---

115 S. *Lebenslauff,* Anm. 335.
116 S. *Lebenslauff,* Anm. 338.

Muth, Sinn, und allen Kräfften,[117] und was daselbst noch weiter von der rechten Art und Krafft des Glaubens zu lesen ist.

5   Nun verrichtete Er auch wenig Tage nachher die Ihm aufgetragene Predigt mit grosser Freudigkeit des Hertzens, und aus rechter Göttlicher Uberzeugung, über gedachten schönen Text: *Diese sind geschrieben,*[118] u. s. f.[119] und konte da mit Wahrheit sagen: *Dieweil wir nun eben denselbigen Geist des Glaubens haben, nach* 10 *dem geschrieben stehet: Ich glaube, darum rede ich, so glauben wir auch, darum reden wir auch,* 2 Cor. 4,13.[120]

    Von da an pflegte der selige Mann Seine wahrhafftige Bekehrung zu rechnen, und zu sagen, daß von solcher Zeit her es mit seinem Christenthum Bestand gehabt, 15 und daß es Ihm leicht geworden sey, sich beständig zu GOTT zu halten, Beförderung, Ehre, Ansehen vor der Welt, Reichthum, gute Tage, und äusserliche weltliche Ergetzlichkeit, für nichts zu achten, und nur das, was Christi ist, zu suchen.[121] Aber von da an, sagte er, habe 20 er auch erst erkannt, was Welt sey, und worin sie von Kindern GOttes[122] unterschieden sey, indem sie ihn von der Zeit an bald zu hassen und anzufeinden angefangen, oder allerley Widerwillen und Verdruß über sein Thun spüren zu lassen, und sich zu beschweren, daß Er 25 auf ein ernstlich Christenthum mehr, als sie etwa nöthig zu seyn vermeynte, dränge. Allhier, in Lüneburg, hat der selige Herr Professor auch mit Studiosis einige Ubung, nach der Form des Leipzigschen Collegii Philo-Biblici, angestellet.[123]

---

117 S. *Lebenslauff,* Anm. 345.
118 Joh 20,31 (s. *Lebenslauff,* Anm. 321).
119 U[nd] s[o] f[ort].
120 2Kor 4,13.
121 Vgl. Phil 3,7; 2,21.
122 Vgl. Mt 5,9; Joh 1,12; Röm 8,14 u. ö.
123 Bekannt ist nur, dass Francke mit Hermann von der Hardt (vgl. Nachwort, Anm. 2) Bibelstudien trieb.

Anno 1688. etwa um die Fasten=Zeit,[124] zog Er nach Hamburg, und blieb daselbst bis gegen Weyhnachten, da Er von seinem Herrn Vetter, D. Anton Heinrich Gloxin[125] zu Lübeck, als Collatore des Schabbelianischen Stipendii, die Freyheit erhielt, sich wieder auf eine Universität, und zwar auf welche er nur wolte, zu begeben. Der Selige erwehlete wiederum Leipzig, in der einigen Absicht, dem Spruche CHristi nachzukommen, da es heisset: *Wenn du dich einst bekehren wirst, so stärcke deine Brüder.*[126] Er wolte demnach wieder hingehen, wo er kurtz zuvor lange gewandelt hatte, damit er auch seine vorige Bekannten der erlangten Gnade theilhafftig[127] machen möchte: wie Er denn auch hoffen konte, daß, da Er daselbst vorhin, als Magister legens,[128] schon vielen Eingang bey denen Studiosis gehabt, Er nun da den leichtesten Weg finden würde, Studiosos auf eine gründliche Bekehrung, und die wahre Gottseligkeit, in Lectionibus Exegeticis,[129] zu weisen.

Zu Leipzig blieb Er aber dißmal nur 8. Tage, und wolte, ehe Er sich da wieder beständig aufhielte, erst, eine kurtze Zeit, zu Dreßden, bey dem damaligen Ober=Hof=Prediger, Herrn D. *Spenern*,[130] zu seiner mehrern Stärckung, zubringen; der Ihn auch, bey seiner Ankunfft, gar willig in sein Haus und an den Tisch genommen, und zwey Monathe bey sich behalten.

---

124 Die vorösterliche (große) Fastenzeit vom 7. März bis 14. April 1688; Francke brach am 27. Februar 1688 von Lüneburg auf (A. H. Francke an A. H. Gloxin, 27.2.1688; AHL, Schabbel-Stiftung, Konv. 29); er verließ Hamburg wahrscheinlich am 3. Dezember (A. H. Francke an A. H. Gloxin, 2.12.1688; ebd.). – In dieser Zeit wohnte Francke bei dem Maler Heinrich Berckau (1660–1716) und seiner Frau auf dem Nicolai-Kirchhof.
125 S. *Lebenslauff*, Anm. 89.
126 Lk 22,32.
127 Vgl. Phil 1,7.
128 Magister mit dem Recht, private Vorlesungen zu halten.
129 Exegetische Vorlesungen (Auslegungen der Heiligen Schrift).
130 S. *Lebenslauff*, Anm. 223; Francke hielt sich in den ersten beiden Monaten des Jahres 1689 (bis zum 21. Februar) in Speners Haus auf.

Drauf begab Er sich, um die Fasten=Zeit[131] des Jahrs
1689, wieder nach Leipzig, und hielt daselbst den Studiosis, deren offt bis dreyhundert zugegen waren, etliche, nicht bloß critische, sondern zugleich auf die Sache
5 selbst und derselben wahre Application,[132] zur Besserung der Seelen, gerichtete Biblische Collegia, über die
Episteln an die Philipper, an die Epheser, die andere an
die Corinthier, andere an Timotheum, und andere, wie
auch etliche Lectionen von den Hindernissen, und den
10 Hülffs=Mitteln des Studii Theologici.[133] Mit was vor einem herrlichen Segen GOtt diese Arbeit gecrönet, was
vor eine ansehnliche Zahl von Studiosis, durch seine
nachdrückliche Ermahnungen, und durch sein gottseli-
ges Exempel, zu wahrer Bekehrung und einem recht-
15 schaffenen Christenthum, und besserer Einrichtung ihrer Studien, erwecket worden, und wie solche selige
Frucht sich hernach, nicht nur in Leipzig, sondern in
der gantzen Evangelischen Kirche ausgebreitet, was
aber auch darüber dem seligen Manne für Widerwär-
20 tigkeiten zugewachsen, ist hier auszuführen zu weit-
läufftig, und auch meist vorhin[134] aus den gedruckten
Nachrichten[135] bekannt.

Um Advent, und weiterhin, thate Er einige kleine
Reisen ins Mannsfeldische und Altenburgische, da Er
25 von dem seligen Geheimen Rath, Herrn von *Secken-*
dorf,[136] mit besonderer Geneigtheit und Liebe, aufge-

---

131 20. Februar bis 30. März 1689.
132 Anwendung auf die persönliche religiöse Praxis.
133 Zu den überlieferten Schriften s. August Hermann Francke 1663–1727.
  Bibliographie seiner Schriften. Bearb. von *Paul Raabe* und *Almut Pfeiff*er,
  Tübingen 2001.
134 Früher.
135 Die Streitschriften über die Leipziger Pietistischen Streitigkeiten; vgl. A.
  H. Francke: Streitschriften (s. Quellen und Literatur, 5).
136 Veit Ludwig von Seckendorff (1626–1692) in Meuselwitz, 1664 bis 1681
  Kanzler des Herzogs Moritz von Sachsen-Zeitz, früher Bediensteter Herzog Ernsts des Frommen.

nommen wurde; ferner nach Zeitz, zu dem berühmten *Christophoro Cellario;*[137] nach Jena, da Er etliche Tage mit den Theologis, D. *Bechmann*[138] und D. *Bayern,*[139] wie auch mit dem Herrn D. *Sagittario,*[140] einen genauen Umgang hatte; nach Erfurt, allwo er Se. Hochwürden, Herrn D. *Joachim Just Breithaupten,*[141] damaligen Seniorem des dasigen Evangelischen Ministerii, mit dem er ehemals zu Kiel in vertrauliche Bekanntschafft gekommen, besuchte, und sich mit Ihm im HErrn stärckte; und endlich nach Gotha, zu den Seinigen, an welchem Ort er nicht nur in der Augustiner=Kirche, sondern auch bey Hofe, auf gnädigstes Verlangen Sr. Hochfürstl. Durchl. des Hertzogs,[142] geprediget hat: gleichwie er auch an den meisten der vorher genannten Oerter, auf geschehenen Antrag,[143] das Wort verkündiget, und so wol dadurch, als durch seinen erbaulichen Umgang, auf dieser Reise, manche Seele zu einem ernstlichen Christenthum erwecket hat.

Zu Anfang des folgenden 1690sten Jahres kam er wieder in Leipzig an, setzte seine Collegia, auf eine gar erweckliche Weise, fort, so viel ihm nemlich unter obge-

137 Christoph Cellarius (Keller) (1638–1707), seit 1676 Schulrektor in Zeitz, seit 1688 in Merseburg, seit 1693 Professor der Geschichte und Beredsamkeit in Halle.

138 Friedemann Bechmann (1628–1703), seit 1656 Professor für Logik und Metaphysik, seit 1668 für Theologie in Jena.

139 Johann Wilhelm Baier (1647–1695), seit 1675 Professor für Theologie in Jena.

140 Kaspar Sagittarius (1643–1694), seit 1674 Professor der Geschichte in Jena.

141 Joachim Justus Breithaupt (1658–1732), seit 1687 Senior (Vorsitzender) des evangelischen. Predigerministeriums und Professor der Theologie in Erfurt; er war mit Francke seit ihrer gemeinsamen Studienzeit bei Christian Kortholt in Kiel bekannt (vgl. *Lebenslauff*, Anm. 96). Breithaupt wurde 1691 Professor der Theologie und Konsistorialrat in Halle, 1705 Generalsuperintendent des Herzogtums Magdeburg und 1709 auch Abt des Klosters Berge, einer renommierten Internatsschule bei Magdeburg.

142 S[eine]r Hochfürstl[ichen] Durchl[aucht] des Hertzogs: Friedrich I. Herzog von Sachsen-Gotha-Altenburg in Gotha (reg. 1675–1691).

143 Francke wurde gebeten, eine Gastpredigt zu halten.

dachten Widerwärtigkeiten noch Freyheit gelassen wurde, bis er, wegen des Todes=Falles mehrgedachten Herrn D. *Gloxins*, nach Lübeck abzureisen[144] genöthiget wurde: an welchem Orte Er, auf geschehene Ansu-
5 chung, etliche mal das Wort des HErrn verkündiget hat, wovon auch eine erwünschte Frucht verspüret worden.

Er war zwar Willens, von hier wiederum nach Leipzig zu kehren: da Ihn aber die Evangelisch=Lutherische Augustiner=Gemeine zu Erfurt, ohne sein Ge-
10 such, (wie Er denn nie ein Amt gesuchet) eine Gast= Predigt daselbst abzulegen, schrifftlich ersuchte, und Er darunter den Finger GOttes[145] erkannte; folgte Er, als ein gehorsamer Knecht, der wunderbaren und augenscheinlichen Göttlichen Führung und Anweisung,
15 wurde in Erfurt, des Einwendens Einiger ohngeachtet: daß ihm manche Theologi sehr zuwider wären; zumalen, da ein wohlangesehener Mann[146] daselbst Anlaß genommen, an den berühmten Politicum und Polyhistorem, Carpzov,[147] nach Leipzig, zu schreiben, um dessen
20 Meynung zu vernehmen, auch dieser jenem geantwortet, und Franckium aufs beste recommendiret hatte, nach abgelegter Gast=Predigt, zum Diacono[148] von erwehnter Gemeinde angenommen, und that den ersten Pfingst=Tag, war d. 2. Junii a. cit.[149] seine An-
25 tritts=Predigt.

---

144 Francke hielt sich von Februar bis April 1690 in Lübeck auf.
145 Hinweis Gottes; vgl. Ex 8,15.
146 Nicht ermittelt.
147 Friedrich Benedikt Carpzov (1649–1699), Polyhistor, Baumeister und Ratsherr in Leipzig. – Carpzovs Antwort datiert vom 6.5.1690 (Abschrift: AFSt/H D 84, Bl. 47; abgedr. bei *Kramer:* Beiträge, 115 f.).
148 Hilfspfarrer. – Francke wurde am 2. Juni 1690 ordiniert, nachdem er am 22. April seine Vorstellungspredigt („Gast=Predigt") gehalten hatte und wenige Tage später von Breithaupt und wenigen anwesenden Pfarrern examiniert worden war.
149 D[ie] 2. Junii a[nni] cit[ati]: am 2. Juni des angegebenen Jahres.

Wie nun der HERR seine Arbeit in Leipzig gesegnet hatte; so ließ er auch, aus der gewissenhafften und eyfrigen Verwaltung seines Predigtamtes, herrliche Früchte hervor wachsen: wie denn damals gar vielen Einwohnern dieser Stadt, und nicht wenig Fremden, welche aus dasigen Gegenden nach Erfurt, die erbaulichen Predigten des oberwehnten Herrn Senioris, D. *Breithaupts,* und des Herrn Diaconi *Franckens,* anzuhören, zu kommen pflegten, ein helles Licht aufgieng,[150] daß sie erkannten, wie sie bisher in ihrem sichern und bloß ehrbaren Leben,[151] bey aller ihrer Einbildung, nichts weniger, als wahre Christen, gewesen, und daher, durch eine gründliche Aenderung des Hertzens, solche zu werden, und sich als solche zu erweisen, ernstlich bestrebten.

Darauf erfolgten aber, wie leicht zu erachten, grosse Bewegungen, wovon die Römisch=Catholischen,[152] (welche darüber sehr mißvergnügt waren, daß nicht wenige ihrer Glaubens=Genossen denen Predigten des seligen Mannes beywohneten, die darinnen vorgetragene Evangelische Wahrheiten billigten, ja zum Theil sich dazu, in wahrer Busse und Aenderung des Lebens, mit Verlassung der Päbstischen Kirche,[153] öffentlich bekannten) auf geschehene Veranlassung etlicher übelgesinnten Menschen, Gelegenheit nahmen, den seligen Mann anno 1691. im September, unter blossem und zugleich ungegründetem Vorwand gestörter öffentlicher Ruhe, seines Amtes, zum grösten Leidwesen seiner Gemeine, und vieler andern Menschen, ohncitirt,[154] ohn-

---

150 Vgl. Mt 4,16.
151 Vgl. Philipp Jacob Spener: Pia Desideria 1676, S. 12 = ed. Aland ³1964, S. 16, Z. 27 – 17, Z.1.
152 Erfurt gehörte zum Kurfürstentum Mainz und hatte eine gemischtkonfessionelle Bevölkerung.
153 Zu den Übertritten zur evangelischen Kirche wurde nichts ermittelt.
154 Ohne ordnungsgemäße Vorladung.

gehört, ohngestanden, ohnüberführt, zu entsetzen,[155] und unter harter Bedrohung Ihm aufzuerlegen, daß Er innerhalb zweyen Tagen die Stadt räumen solte.

5 Der Selige ließ sich das, was sein himmlischer Vater hierin über Ihn verhängete, so wenig betrüben, daß Er vielmehr, nachdem Er vorher etliche Tage lang, in seiner Wohnung, seine bisherigen Zuhörer und andere Freunde, welche in Thränen fast zerflossen, auf das beweglichste ermahnet hatte, in der empfangenen Gnade 10 treu zu seyn,[156] und darin beständig zu verharren, am 27. September, mit vieler Freudigkeit, und in Empfindung des überschwenglichen Trostes des Heiligen Geistes, Erfurt verließ, und sich zu seiner damals noch lebenden, und erst 1709. verstorbenen Frau Mutter, und 15 eintzigen Jungfer Schwester,[157] nach Gotha, wendete.

Dieses Durchl. Haus zu Sachsen=Gotha war nun entschlossen, diesen treuen Knecht GOttes sofort in Dero Landen zu accommodiren,[158] gleichwie es auch vorhero, durch einen Dero hohen Ministres in Erfurt,[159] 20 von dem Verlauff der Sache genaue Kundschafft einziehen, und durch denselben gegenwärtig bey des damaligen Statthalters Hochwürden,[160] gegen die vorseyende ungerechte Proceduren eine nachdrückliche Vorstellung thun lassen, und, da solche nichts verfangen, dar25 auf, am Chur-Mayntzischen Hofe, durch ein ernstliches

---

155 Zur Entlassung Franckes s. Geschichte des Pietismus. Hg. von *M. Brecht.* Bd. 1, S. 449–452. – Der kurfürstliche Absetzungsbefehl vom 2. September wurde am 14. September im Erfurter Rat verlesen (abschriftlich in AFSt/H D 88, 21 a, b u. ö.).

156 Vgl. Mt 25,14–30, bes. 23 (Gleichnis von den anvertrauten Pfunden).

157 Elsabe Margareta Francke (S. *Lebenslauff,* Anm. 19).

158 Anzustellen.

159 Hiob Ludolf (1624–1704); vgl. das Schreiben an Ludolf vom 28.8.1691 (AFSt/H D 95, S. 1047 f.) und den über ihn vermittelten Briefwechsel zwischen den Herzögen und dem Erfurter Statthalter vom 29.8. und 1.(11.) (AFSt/H D 95, S. 1049 f. 1055).

160 Der Statthalter des Mainzer Kurfüsten in Erfurt war Johann Jacob Walpoth von Bassenheim († 1697).

Schreiben,[161] über ein solches unerhörtes Tractament[162] eines unschuldigen Evangelischen Lehrers, sich höchstens[163] beschweret, und dessen gerechte Ahndung Ihme vorbehalten hat.

Es geschahe auch dem Seligen ein Antrag, wegen einer an dem Coburgischen Gymnasio vacanten Profession;[164] desgleichen liessen Ihn Se. Hochfürstl. Durchl. der damalige jüngere Hertzog zu Sachsen=Weimar,[165] ersuchen, die Stelle eines Hof=Predigers bei Ihnen anzunehmen: Allein, da dem Seligen noch in Erfurt, und zwar an eben dem Tage, an welchem Er den Befehl erhalten, sich innerhalb zweyer Tagen aus der Stadt zu begeben, im Nahmen des Chur=Brandenburgischen Hofes,[166] angezeiget worden, daß man Ihn, so ferne Er in Erfurt nicht wolte geduldet werden, in Chur=Brandenburgischen Landen gar willig aufnehmen würde; hielt Er sich verbunden, den Ausgang solches gnädigsten Anerbietens fürs erste zu erwarten, ehe Er sich anderweits einliesse.

Darauf erfolgte auch würcklich, nach wenig Wochen, die Designation[167] desselben zu der Professione Græcæ & Orientalium Linguarum,[168] bey der damals erst in Halle[169] anzulegenden Universität, wie auch zu dem

---

161 Das Schreiben der Herzöge Bernhard und Heinrich von Sachsen-Gotha an den Mainzer Kurfürsten Anselm Franz von Ingelheim (Kurfürst 1679–1695) in Aschaffenburg vom 1.10.1691 ist abschriftlich erhalten in AFSt/H D 89, S. 1013 f., im Original im Landeshauptarchiv Magdeburg.
162 Behandlung.
163 An höchster Stelle.
164 Unbesetztes Lehramt am Gymnasium in Coburg.
165 Johann Ernst III. von Sachsen-Weimar (1664–1707).
166 Seitens des Kurfürsten von Brandenburg.
167 Designation: Plan zur Amtseinweisung, vorläufige Ernennung.
168 Professur für griechische und morgenländische Sprachen. Die Designation erfolgte zusammen mit der (vermögensrechtlichen) Verleihung der Pfarrstelle von Glaucha am 22.12.1691 (AFSt/W V / – / 20).
169 S. Anm. 3.

Pastorat nach Glaucha,[170] an Halle. Nachdem Er nun
von Gotha aufgebrochen, und über Halberstadt, Quedlinburg und Magdeburg sich nach Berlin begeben, hielt
Er sich daselbst bis zu Anfang des folgenden 1692sten
5 Jahres auf, da Er, nach ausgefertigter Vocation,[171] nach
Halle abgereiset, den 7. Jan. angekommen, und bald
darauf beyde Aemter angetreten, und mit grossem
Fleiß und Applausu verwaltet.

10 Anno 1694. hat Er sich, nach vorher gegangener hertz-
licher Anrufung GOttes, mit der damaligen Fräulein,
Fräulein *Annen Magdalenen*,[172] des weyland Wohlge-
bohrnen Herrn, *Herrn Otto Heinrich von Wurm,*[173] Erb-
herrn auf <Hopperode>,[174] auch Wiederkauffsinha-
15 bern[175] der Gräflich=Hohensteinischen Güter und Ge-
richte, kleinen Furra und Morbach, hinterbliebenen
Fräulein Tochter, ietzo hochbetrübten Frau Wittwen, in
ein Christlich Ehe=Verbündniß eingelassen, welches
auch den 4ten Jun. desselben Jahrs, auf dem Hoch=
20 Adelichen Stammerischen Hause Rammelburg,[176] in
der Grafschafft Mannsfeld, durch Priesterliche Copula-

---

170 S. *Lebenslauff,* Anm. 7.
171 Berufung in ein Amt; die (geistliche) Berufung Franckes zum Pfarrer in
Glaucha erfolgte am 2.2.1692, seine Bestallungsurkunde datiert vom
4.2.1692 (AFSt/W V / – / 20).
172 Anna Magdalena von Wurm (19.11.1670–19.3.1734) aus Klein-Furra bei
Nordhausen; sie heiratete am 4.6.1694 August Hermann Francke.
Francke kannte sie seit seiner Erfurter Zeit. – Die Trauung erfolgte durch
den Quedlinburger Seniordiaconus Johann Heinrich Sprögel (1644–1722),
den späteren Schwiegervater Gottfried Arnolds.
173 Otto Heinrich von Wurm (1631–1676), verheiratet mit Sidonie von Biela
(† 7.9.1693).
174 In der Vorlage steht „Gopperode".
175 Er hatte das Recht, die seinerzeit gegen eine feste Summe und Zinsen ver-
kauften bzw. verpachteten gräflich-hohensteinischen Güter Klein-Furra
und Morbach (bei Nordhausen) nach einer vertraglich festgelegten Zeit
zurückzukaufen.
176 Die 5 Meilen (ca. 36 km) von Halle entfernte Rammelburg bei Mansfeld,
der Familiensitz der Familie von Stammer; die verwaiste Anna Magdalena
von Wurm war nach dem Tod ihrer Mutter Mitte Februar 1694 dort aufgenommen worden. Bei dem Ehepaar von Stammer handelt es sich um

tion, Christlich vollzogen worden: an welcher Er denn
33. Jahr, bis an sein seliges Ende, eine treue Gehülfin[177]
gehabt, auch mit derselben zween Söhne und eine Tochter erzeuget; von welchen der eine Sohn, *August Gottlieb,*[178] in seiner zartesten Jugend, allbereit seinem   5
Herrn Vater in die Ewigkeit vorgegangen; der andere
aber, der ietzige S. S. Theologiæ Professor, und Prediger
an der Kirchen zu U. L. Frauen[179] in Halle, Herr *Gotthilff August,*[180] und eine Tochter, Herrn Johann Anastasii *Freylingshausens,*[181] bisherigen Pastoris Ad-   10
juncti[182] der Ulrichs Gemeine, Frau Eheliebste, Frau Johanna Sophia Anastasia,[183] von welcher Er auch 3.
Kindes=Kinder,[184] nemlich einen Sohn und zwo Töchter, erhalten, welche allesamt, so lange GOtt will, am
Leben sind.   15

Als Er aber in seinem Glauchischen Pastorat wahrnahm, in was vor einer grossen Unwissenheit sich die
arme, und vor den Thüren ihr Brod suchende Jugend
befünde, ließ Er sich solches so zu Hertzen gehen, daß

  Adrian Adam von Stammer († 1703) und Sophia Maria von Stammer geb. von Selmnitz (1657–1705).
177 Vgl. Gen 2,18.
178 August Gottlieb Francke (14.3.–27.12.1695).
179 Kirchen zu U[nserer] L[ieben] Frauen: (Markt- und) Marienkirche.
180 Gotthilf August Francke (1.4.1696–2.9.1769), verheiratet in 1. Ehe mit Johanna Henrietta Rachals (28.11.1697–2.7.1743), in 2. Ehe mit Eva Wilhelmine von Gersdorf († 1793); beide Ehen blieben kinderlos.
181 S. Anm. 109.
182 Hilfspfarrers.
183 Johanna Sophia Anastasia Freylinghausen geb. Francke (17.9.1697–14.3.1771) heiratete am 29.10.1715 ihren Paten Johann Anastasius Freylinghausen.
184 Die Kinder seiner Tochter J. S. A. Freylinghausen waren: (1) Auguste Sophie (23.3.1717–8.4.1763), seit dem 6.2.1742 verheiratet mit Konrad Philipp Niemeyer (27.11.1711–20.4.1767), Archidiakon an der Marienkirche in Halle, (2) Gottlieb Anastasius (12.10.1719–18.2.1785), Prof. der Theologie, seit 1771 Direktor des Waisenhauses und (3) Agnes Henriette (18.12.1725–12.6.1799), verheiratet mit Johann Anton Niemeyer (23.12.1723–9.5.1765), Bruder von Konrad Philipp und Inspektor am Pädagogium des Waisenhauses.

Er A. 1695. mit 7. Fl.[185] so iemand verehret,[186] eine Armen=Schule[187] veranstaltete, woraus von Jahren zu Jahren, da GOTT der HERR, an gar vielen Orten, Christliche Hertzen, Ihm hierinnen, durch ihre Mild-
5 thätigkeit, hülffreiche Hand zu leisten, auf eine gar besondere Weise, erweckte, ein Wäysen=Haus worden, in welches Er nicht nur verarmete Wäysen aufnahm, sondern auch für andere dürfftige Schüler und Studiosos Frey=Tische[188] anrichtete, auch ein Pædagogium Re-
10 gium,[189] und mehrere Anstalten erwachsen, bis die Sache zu der Weitläufftigkeit gediehen, in welcher sie ietzo vor Augen stehet, als ein Werck der so gnädigen als wundervollen Göttlichen Providentz:[190] welches GOtt bis an das Ende der Welt, in Gnaden, zu vieler Kinder
15 Heyl und Wohlseyn, erhalten wolle! damit des Wohlsel. guter Endzweck mit solchen Anstalten fernerweit erblicket werde, davon Er ehemals also gesprochen: *Alle diese Gebäude achte ich nur als Schalen und Rinden des Wercks GOttes, der Kern aber ist das grosse Verlangen,*
20 *nach aller Menschen Heyl, welches bey Tag und Nacht in mir brennet.*

Unser nunmehr seliger Herr Professor wurde übrigens bald gewahr, daß die Ihm, wegen seines Pastorats, Professur, und einiger neuen Anstalten zuwachsende
25 Last, seine Kräffte überstiege; daher Er sich denn im Jahr 1696. Herrn Johann Anastasium *Freylinghausen,*

---

185 Fl[orenus]: Gulden.
186 Gespendet.
187 Seit 1695 hatte Francke verwahrloste Kinder aus Glaucha privat unterrichtet, hatte dann Waisenkinder bei sich aufgenommen und im Oktober 1695 für sie ein eigenes Haus angeschafft, das den Anfang der Franckeschen Anstalten bildete.
188 Kostenlose Verpflegung.
189 Die 1695 gegründete, seit 1702 unter dem Namen „Pädagogium Regium" geführte (kostenpflichtige) Schule in den Franckeschen Anstalten, die für Adlige und vermögende Bürgersöhne vorgesehen war.
190 Vorsehung (Gottes).

im Pastorat adjungiren,[191] und A. 1701. d. 1. Sept. Herrn
M. Joh. Hieronymum *Wiegleb*[192] zum ersten Diacono
verordnen ließ: und so hat auch GOtt weiter von Zeit zu
Zeit einen rechtschaffenen Arbeiter[193] nach dem andern
Ihm zugeführet; welches der Selige mehrmalen als eine   5
der grössesten Wohlthaten, die Er in diesem Leben von
GOtt empfangen hat, erkannt, und den HErrn dafür
hertzlich gepriesen hat.

Anno 1698. wurde Ihm die Professio Theologiæ ordi-
naria[194] anvertrauet, dahingegen Er die Professionem   10
Græcæ & OO. Linguarum[195] A. 1699. einem würdigen
Successori,[196] Herrn M. Jo. Henr. Michaelis,[197] ietzigem
D. & Profess. SS. Theologiæ & SS. Literarum[198] über-
ließ. Dadurch wuchs ihm neue und grosse Arbeit zu, die
Er aber nicht scheuete, daß Er vielmehr alle seine Be-   15
mühungen in allen, publice & privatim,[199] dahin gehen
ließ, daß die, so zu Halle studirten, also formiret[200] würden, daß sie in gründlicher Erudition[201] und allen Tugenden, vornemlich aber der Crone aller Tugenden,
nemlich an ungeheuchelter Gottseligkeit, keinem eint-   20
zigen, der anderswo studiret hat, etwas nachgeben, wol
aber es andern zuvor thun solten. Dahin hat der wohl-

---

191 Als Hilfe zuordnen.
192 M[agister]. – Johann Hieronymus Wiegleb (1664–1730), seit 1701 Hilfs-
     prediger an der St. Georgenkirche in Glaucha. Er war mit Francke von Go-
     tha her bekannt.
193 2Tim 2,15; vgl. Mt 9,37 f.; 20,1–16.
194 Ordentliche theologische Professur (Lehrstuhl); die Berufung erfolgte am
     24. September 1698 (AFSt/W V / – / 20).
195 Professur für die griechische und die orientalischen [orientalium] Spra-
     chen.
196 Nachfolger.
197 Johann He(i)nrich Michaelis (1668–1738), seit 1699 Professor für mor-
     genländische Sprachen, seit 1709 Professor für Theologie in Halle, seit
     1717 Dr. theol.
198 Doktor und Professor der Heiligen Theologie und der Heiligen Schriften.
199 Öffentlich und privat.
200 Ausgebildet.
201 Gelehrsamkeit.

selige Mann recht treulich, nicht allein mit gutem Unterricht, heilsamen Consiliis und herrlichen Institutis, sondern auch moribus,[202] d.i. mit seiner eignen laborieusen[203] und exemplarischen Lebens=Art gearbeitet.

5 So ist bekant, daß Er, aus guter Absicht, die wöchentliche zweymalige Zusammenkunfft der Theologischen Facultät,[204] wie selbst vornemlich angegeben, also, seiner überhäufften Arbeit ungeachtet, beständig abgewartet.[205]

10 Sonderlich gehöret zu Seiner Treue und Arbeit mit das A. 1702. im Majo, auf eine fast unvergleichliche Weise, von Ihm aufgerichtete Collegium Orientale Theologicum.[206] * [<Fußnote> *Davon Herr D. J. H. Michaelis in der Vorrede seiner Hebr. Bibel c. 1.[207] Nach-

15 richt giebet.] Ob nun wol dieses vortreffliche Institutum aus allerley Ursachen wiederum ins Stecken gerathen,[208] so hat doch der Wohlselige sich auf andere Art bemühet, einige geschickte Männer nach Halle zu ziehen, und sie würcklich zu salariren,[209] die Ihm in seiner

20 Professione Theologica zu Hülffe kommen, und der Academischen Jugend mehrere Collegia halten müssen, als er wegen anderer vieler Arbeit thun können; so dann

---

202 Mit Ratschlägen, Einrichtungen und der eigenen Lebensführung (Sitten).
203 Arbeitsamen.
204 (1) Die wöchentlich am Donnerstag von 10 bis 11 Uhr im großen Hörsaal stattfindende Zusammenkunft der Theologischen Fakultät zum Zwecke der moralisch-erbaulichen Unterweisung. Aus diesen Zusammenkünften stammen die paränetischen Vorlesungen August Hermann und Gotthilf August Franckes und anderer; (2) die Sitzungen der Professoren der Theologie.
205 Wahrgenommen, besucht bzw. gehalten.
206 Das 1702 gegründete *Collegium Orientale Theologicum* diente der sprachlichen Förderung des theologischen Nachwuchses in den orientalischen Sprachen und der Ausbildung von Lehrern; es hatte noch 1722 Bestand.
207 Biblia Hebraica Ex Aliquot Manvscriptis ... Recensita. Hg. von Johann Heinrich Michaelis, Halle: Waisenhaus 1720, S. 2 f. – C[apitulum]: Kapitel.
208 Die Gründe für den Niedergang des Collegiums sind nicht genau bekannt.
209 Besolden.

hat Er, bey Anordnung der Præparantzen[210] im Wäy-
sen=Hause, und sonderlich im Pædagogio Regio; ingleichen mit seinen im Collegio Parænetico[211] so offt gegebenen schönen Monitis[212] sattsam bewiesen, daß, ungeachtet er die Worte Sirachs c. 19,21.[213] gelten ließ, Er 5
gleichwol nichts weniger intendiret, als, unter dem
Schein, die Gottseligkeit zu befördern, die Barbariem[214]
wiederum zu introduciren,[215] wol aber das connubium
eruditionis & pietatis[216] unabläßig zu recommendiren,[217] und, so viel an Ihm war, zwar mit Mühe und Ar- 10
beit, doch mit Lust, allenthalben einzuführen.

Weil Er aber doch, unter den überhäuften Geschäff-
ten, nach und nach so entkräftet wurde, daß die Medici
seines Lebens wegen sehr besorgt waren, und Ihn er-
mahneten, sich durch eine Reise der Arbeit eine Zeit- 15
lang zu entziehen; folgete Er endlich solchem wohlge-
meynten Rath, und reisete anno 1705. nach Holland:[218]
da Er denn auch so wol daselbst, als an vielen Orten
Deutschlandes, durch welche Er, auf seiner Hin= und
Her=Reise, passirte, den köstlichen Saamen der Gött- 20
lichen Wahrheit,[219] auszustreuen, gute Gelegenheit bekommen, und, nach Verfliessung etlicher Monathe, wiederum gesund und gestärcket, zu Halle angelanget.

---

210 Lehrpläne.
211 Paränetische Vorlesung (vgl. Anm. 204).
212 Ermahnungen.
213 Sir 19,21: „ES ist besser / geringe klugheit mit Gottes furcht / Denn grosse
   klugheit / mit Gottes Verachtung" (Luther 1545).
214 Barbarei, Ungehobeltheit.
215 Einzuführen.
216 Die innigliche Verbindung (Ehe) von Gelehrsamkeit und Frömmigkeit
   (vgl. Gisbert Voetius [1589–1676]: Oratio de pietate cum scientia conju-
   genda [Rede über die mit der Wissenschaft zu verbindende Frömmigkeit],
   Utrecht 1634).
217 Empfehlen.
218 Francke reiste Ende April nach Holland, wo er hauptsächlich Utrecht,
   Rotterdam, Haag und Amsterdam besuchte; Ende Juli kehrte Francke
   nach Halle zurück.
219 Vgl. Mk 4,1–20 par.

Als Er nun bey der Glauchischen Gemeinde das Lehr=Amt,[220] 23. Jahr treulich geführet hatte; wurde Er, im Jahr 1714. den 6. December zum Pastore an die Ulrichs=Gemeinde der Stadt Halle erwehlet: welches

5 Amt Er denn auch, nach erkanntem Göttlichen Willen, angenommen, nebst schon gedachten Herrn Jo. Anast. Freylinghausen, als Pastore adjuncto, und Dominica Oculi 1715.[221] die Anzugs=Predigt[222] gethan.

10 A. 1716. wurde Ihm, bey der Friedrichs=Academie[223] daselbst, das Pro-Rectorat[224] aufgetragen, welches Er auch übernahm, und unter Göttl.[225] Beystand glückl. verwaltete, doch fand Er sich bey Ablegung desselben so entkräfftet, daß er keinen Umgang nehmen konte,

15 abermals, nach erhaltener allergnäd. Genehmhaltung Sr. Kön. Majest.[227] durch eine Reise[228] eine Erholung der Kräffte zu suchen. Er gieng demnach den 30. Aug. des 1717ten Jahres von Halle, durch Thüringen nach Hessen, in die Wetterau, in Francken und Schwaben; und

20 brachte Ihn GOtt abermahls, nach Verfliessung eines

---

220 Pfarramt.
221 Sonntag Okuli, der 24. März 1715.
222 Amtsantrittspredigt.
223 S. bei Anm. 3.
224 Der Prorektor führte die eigentlichen Amtsgeschäfte des Rektors, während das Rektorenamt gewöhnlich ehrenhalber einem hohen Adligen vergeben wurde. – Francke war vom 12. Juli 1716 bis zum 11. Juli 1717 Prorektor; das Berufungsschreiben datiert vom 7. Juli 1716 (Universitätsarchiv Halle: Rep 3, Nr. 112, Bl. 220).
225 Göttl[ichen].
226 Glückl[ich].
227 Allergnäd[igsten]. – S[eine]r Kön[iglichen] Majest[ät]: Friedrich I. König in Preußen.
228 Die sogenannte Reise ins Reich vom 29. August 1717 bis 2. April 1718, die Francke u. a. durch folgende Orte führte: Weimar, Erfurt, Gotha, Eisenach, Hersfeld, Gießen, Frankfurt a. M. (mit Idstein, Usingen u. Wetzlar), Darmstadt, Heidelberg, Heilbronn, Ingelfingen, Schwäbisch Hall (mit Sontheim), Pfedelbach, Stuttgart, Denkendorf, Bebenhausen, Tübingen, Ulm (mit Blaubeuren), Augsburg, Nördlingen (mit Ederheim u. Bopfingen), Oettingen, Ansbach, Nürnberg, Erlangen, Bayreuth, Kulmbach, Kotzau (bei Hof), Ebersdorf, Schleiz, Greiz, Köstritz, Gera.

halben Jahres, über Nürnberg, Bayreuth und Gera, den
2. April. 1718. wiederum glücklich zurücke; nachdem
Er Ihm seine vorigen Kräffte wieder geschencket, die Er
denn aufs neue, wie vorher, in sorgfältiger Verwaltung
seiner wichtigen Aemter, zur Ehre GOttes angewendet,   5
bis Er solche, und sich selbst, bey herannahendem Alter, vollends gantz in dem Dienste Christi und seiner
Kirche verzehret hat.

Hiervon und von andern hieher gehörigen Puncten
solte nun billig noch ein weit mehrers angeführet und   10
ausführlich erwehnet werden, mit was vor ausnehmen-
den Natur= und Gnaden=Gaben,[229] insonderheit, mit
was vor grosser Glaubens=Krafft und Weisheit GOtt
den Wohlseligen ausgerüstet, und wie Er sich gegen
GOtt und Menschen wohl betragen habe: Allein, wei-   15
len[230] es die dißmalige Umstände nicht zugeben: so will
ich mich nur auf das herrliche Zeugniß des D. und
Profess. Theologiæ &c. zu Königsberg in Preussen,
Herrn *Georg Friedr. Rogalls,*[231] als eines ehemaligen
<Tisch=Genossens>[232] des seligen Herrn Prof. Fran-   20
ckens, berufen, der schreibet, nach der Warheit, also:

I. Dasjenige, was mir von dem treuen Knechte GOttes
den grösten Eindruck gab, war *sein starcker und Hel-*
den=müthiger Glaube, und sein gantz ungemeines Ver-   25
trauen auf den lebendigen GOtt. Ich habe Ihn niemalen
anders angesehen, als einen andern Stephanum, einen
Mann, der πλήρης πίστεως καὶ δυνάμεως, *voll Glaubens*
und Krafft war. Ap. Gesch. 6,8.[233] Denn

---

229   Die natürlichen und die vom Heiligen Geist geschenkten Eigenschaften
      und Fähigkeiten.
230   Weil.
231   Georg Friedrich Rogall (1700–1733), seit 1725 außerordentlicher Profes-
      sor der Theologie in Königsberg, 1729 Konsistorialrat, 1731 ord. Profes-
      sor der Theologie, 1732 Pastor an der Domkirche und Inspektor der Dom-
      schule; zu seiner *Paraenesis publica* s. Quellen und Literatur, 1.
232   Korrigiert nach S. 131, Z. 8 f. für „Hauß=Genossens".
233   Ap[ostel-] Gesch[ichte]: Apg 6,8.

1) *Sein gantzes Christenthum führete* Er im Glauben an
den HErrn JEsum. Es hatte Ihm viel gekostet, ehe Er
diese Haupt=Lection in der Schule des Heil. Geistes[234]
gelernet hatte. Man lese davon in seiner *zweyfachen An-*
5 *sprache* an einige auswärtige Christl. Freunde p. 44.
sqq.[235] und in diesem Lebens=Lauffe p. 14. sqq.[236] Doch
war JEsus Christus der Grund seines gantzen Christenthums worden, und Er hatte auf diesen Grund[237]
kein Holtz, Heu und Stoppeln äusserlicher Ubungen
10 und natürlicher Wercke, sondern Gold, Silber, Edelge-
steine[238] gebauet. Denn Er hatte sich täglich näher zu
Christo hindurch gearbeitet, und aus seiner Fülle genommen Gnade für Gnade,[239] daher er so bald dem
Masse des vollkommenen Alters JEsu Christi[240] so nahe
15 kommen war. Man konte Ihm diesen characterem vere
Apostolicum[241] bald abmercken. Denn wo man Ihm
wuste die Fülle seines Hertzens heraus zu locken, da
fand sichs bald, daß ihm JEsus Christus am Hertzen
läge, denn seine Seele war voll von dem lebendigen Er-
20 käntniß JEsu Christi; daher trug er sich, wo er stund
und gieng, mit diesem seinem Erlöser, und hielt im Gedächtniß JEsum Christum. 2 Tim. 2,8.[242]

---

234 Schule des Heil[igen] Geistes: alter Topos für eine unmittelbare Erkenntnis durch Gott.
235 August Herrmann Franckens / S. S. Theol. P. P. Ord. & Past. Glaucha.
Zweyfache Schrifftliche Ansprache An Einige auswärtige Christliche
Freunde / Etliche besondere zum Christenthum gehörrige Puncte betreffend. Halle 1701, S. 44 ff.; richtig: S. 17 f. (4°). – Im der *Paraenesis publica*
(s. Anm. 231) ist an dieser Stelle das entsprechende Zitat über die Beke-
rung aus der genannten Schrift eingefügt. – Vgl. August Hermann
Francke 1663–1727. Bibliographie seiner Schriften. Bearb. von *Paul
Raabe* und *Almut Pfeiffer*, Tübingen 2001, Nr. C27.1 (–3).
236 S. 80, Z. 22–S. 84, Z. 26.
237 Vgl. 1Kor 3,11.
238 Vgl. 1Kor 3,12.
239 Joh 1,16.
240 Eph 4,13.
241 Wahrhaft apostolischen Charakter.
242 2Tim 2,8.

2) Glaube an JEsum Christum war das Centrum und
der Mittel=Punct aller *Seiner Lehren*; denn die lautere
Glaubens=Quelle, so in seiner Seelen war, konte nicht
anders als helle und lautere Glaubens=Bäche ausfliessen
lassen. Weil sein gantzes Element, worinnen Er
lebte und schwebte, die Evangelische Gnade war; so
hatte Er darauf auch alle Seine Lehren, Dringen und
Treiben gerichtet, die Menschen ihrem guten Erlöser in
seine Gnaden=Arme zu liefern. Hatte er eine gantz
evangelische Materie zu dociren vor, so konte man es
Ihm ansehen, wie der Mann nun in seinem eigenen, in
seinem rechten Element wäre. Da bliebs nicht beym ermahnen,
erinnern und erwecken, sondern da sammlete
Er alle seine Leibes= und Seelen=Kräffte, drang, mit
aller Gewalt, auf die Seelen zu, griff in die verborgensten
Winckel des Hertzens, und legte den Zuhörern ihr
abscheuliches Verderben dar. Dabey breitete Er das Vater=Hertz
GOttes ihnen aus, stellete ihnen JEsum, in
aller seiner Gnade, Lieblichkeit und Seligkeit vor die
Augen, trieb sie in die Enge, rang und kämpffte um ihre
Hertzen, und wolte nicht ehe ruhig werden, bis Er sie
überwunden in den Händen ihres Erlösers und Seelen=Artztes[243]
sahe. Hatte Er aber eine Seele in dessen
Arme geliefert, so gab Er sich zufrieden, Er ließ sie in
den Händen ihres Erlösers, und stellete es ihm anheim,
was für Wege er sie nun führen wolte, und Er gieng indessen
hin, andere Schafe zu suchen.[244]

Wenn die Welt Ihn beschuldigte, als ob Er aus Christen
Werckheilige[245] machen wolte; so redeten alle seine

---

243 Vgl. Mt 9,12 par.
244 Vgl. Joh 10,16.
245 Polemischer Begriff der Reformationszeit gegen die katholische Lehre,
    dass man für das Seelenheil (mit Hilfe der göttlichen Gnade) gute Werke
    tun muss.

öffentliche und besondere[246] Ermahnungen dagegen, als worinnen Er nichts suchte, als die evangelische Glaubens=Gerechtigkeit,[247] in den Seelen, aufzurichten, und deßwegen sie in die Ordnung der Busse und
5 Bekehrung[248] zu GOtt zu leiten. Wie Er Luthero den Ruhm zu geben pflegte, daß, nach Paulo, sich keiner gefunden, der mit solcher Deutlichkeit und Einsicht, und in solcher Erfahrung, den Articul von der Glaubens=Gerechtigkeit vorgetragen, als wol Lutherus ge-
10 than hätte: so mag ich, mit Grunde der Wahrheit, unserm sel. Herrn Prof. Francken hierinnen, nach Luthero, eine von den nechsten Stellen geben, und will es auf die Probe ankommen lassen, ob wol, nach Luthero, leicht ein Theologus unserer Kirchen aufgestanden, der
15 mit solcher Krafft, und mit solchem Nachdruck, auf Busse zu GOtt und den Glauben an JEsum Christum gedrungen, mit solchem Eingang[249] und Segen davon gelehret, und diese allertheureste Lehre so weit propagirt und fortgepflanzet habe, (mit Mund und Schrifften,
20 davon hinten eine Anzeige geschehen soll,) als unser theurester sel. Vater, der Herr Prof. Francke.

3) Aus eben dem lauteren Glaubens=Grunde flossen alle Seine gesegneten *Consilia, Rathschläge und Theo-*
25 *logische Bedencken,* die alle, wie sie aus dem Glauben herrühreten, auch alle wieder auf Glauben hinaus zu lauffen pflegten. Er pflegte nicht viel und mancherley Rathschläge zu geben, sondern gerne den, der Ihn um Rath fragte, selber zu JEsu Christo hinzuweisen. In Sachen, die das Christenthum angiengen, war Er sehr ein-

---

246 Private.
247 Die reformatorische Lehre von der Gerechtigkeit des Menschen, die allein in seinen Glauben an die Versöhnungstat Christi besteht.
248 Die nach Gottes Willen („Ordnung") vor der Rechtfertigung notwendige Buße und Bekehrung.
249 Überzeugung.

fältig,[250] schob es alles von sich zurücke auf JEsum Christum, und pflegte darinnen den Glaubens=Kampff Jacobs,[251] als das grösseste arcanum[252] und gewisseste Hülffs=Mittel, in allen Fällen, zu recommendiren; und die es von Ihm angenommen, haben sich gewiß gut da- 5 bey befunden, und es hat keinen jemalen gereuet, der so, wie Jacob, in allen Zufällen, mit Weinen und Beten, bey Christo, gesieget hat. 1 B. Mos. 32,24. sqq. coll. Hos. 12,4.5.[253] In zweiffelhafften Fällen, darinnen Er nicht den offenbaren Willen GOttes erkannte, wieß er einen 10 ins Gebet, und denn rieth er, im Glauben auf den le- bendigen GOtt, und in lauterer Absicht, dasjenige zu er- wehlen, was ihm vor GOtt am besten düncke, in der Zu- versicht, daß, so es nach dem Willen des HErrn gewehl- et, es der HErr segnen, so es aber unrecht getroffen 15 wäre, derselbe auch die schlimme Sache zu rechte zu bringen, und, wie den Fehler Abrahams, 1 Mos. 20.[254] so weislich zum besten zu kehren wissen würde, daß wol viel Gutes, aber kein Schade, daraus entstünde.

Gieng GOtt etwa mit jemanden andere Wege, als der 20 sel. Mann es vermuthet hatte, und zeigte ihm, wie Sein Rath und Gedancken nicht wären die rechten gewesen: so freuete Er sich, daß die Weisheit GOttes es besser ge- wendet, als Ers gedacht hätte. In Summa: Es war des sel. Mannes grösseste Freude, wenn jemand sich so fein 25 geduldig in die Glaubens=Wege hinein begab, und nicht seines menschlichen Raths, sondern mehr der Hülffe des HErrn sich getröstete.

---

250 Hier noch im positiven Sinne als Gegensatz zu „gekünstelt" oder „intel- lektualistisch".

251 Gen 32,25–33: Jakobs Kampf am Jabbok.

252 Geheimnis.

253 1 B[uch] Mos[e] 32,24. ... 12,4.5: Gen 32,24–32 (alte Zählung; S. Anm. 251). – Coll[atum]: verglichen mit. – Hos 12,4 f.

254 Gen 20,1–18: Abraham und Sara bei Abimelech.

4) Der Glaube, und das Vertrauen auf den lebendigen
GOtt, dirigirte alle *seine Handlungen und Unterneh-*
mungen, von den kleinesten bis zu den grössesten.
Hatte Er eine Uberzeugung aus dem Göttlichen Worte,
5 oder Er sahe einen offenbaren Winck und Finger GOttes vor sich: so war Er capabel,[255] alles ersinnliche darauf zu wagen, und mit grossem Helden=Muth alles darauf anzufangen; wovon Ihm doch keine menschliche
Vernunft einen glücklichen Ausgang versprechen
10 konte.

Durch den Glauben,[256] fieng Er an, sich des armen
verwüsteten Zions[257] anzunehmen, und mit solchem
Muth und Freudigkeit, mit solchem grossen Ernst,
Krafft und Eingang, als vor Ihm nicht geschehen war,
15 das ungebrochene, kalte und todte Christenthum, die
wercklose Werckheiligkeit, ja das gantze Höllen=Reich
des Satans, anzugreiffen; ob Er gleich sahe, daß Er es da
mit dem gantzen Reiche des Satans und mit der gantzen Welt aufnehmen müsse, und ihm das odium theolo-
20 gicum, politicum, œconomicum,[258] nachfolgen würde.

Durch den Glauben richtete Er Anstalten an zur
Christlichen Erziehung der Jugend, und legte einen
Grund zu einem grossen Wäysen=Hause, obgleich der
Vorrath, den er in Händen hatte, zu keiner Fort= ge-
25 schweige völligen Ausführung seines Werckes hinlänglich war, und er weiter von keinem Capital wuste, als
was Sein Glaube im Himmel stehen hatte.

---

255 Fähig.
256 Vgl. Hebr. 11,2–40.
257 Jes 64,9; Zion als Topos für die christliche (evangelische) Gemeinde; vgl.
Theophil Großgebauer: Wächterstimme Auß dem verwüsteten Zion.
Frankfurt a. M. 1661.
258 Der Hass aller drei Stände der christlichen Gesellschaft: des Lehr-, Regier-
und Nährstandes (Kirche und Schule, Obrigkeit, wirtschaftendes Volk).

Durch den Glauben fieng Er an Seinem HErrn eine Gemeine aus Orient[259] zu sammlen, und zum Anbau[260] der Kirchen GOttes in Malabaren[261] den grössesten Vorschub zu thun.

Durch den Glauben haben Ihm alle seine Wercke gelingen müssen.

Durch den Glauben hat Er einen Sieg nach dem andern[262] erhalten; und diejenigen, welche die ersten Steine[263] wider Ihn aufgehoben, haben offt hernach die besten Geräthe zum Dienste des Heiligthums[264] zutragen müssen, denn es konte Ihm nimmer fehlen, weil Er alle seine Unternehmungen auf einen solchen unbeweglichen Grund[265] bauete.

War etwas um GOttes und der Kirchen JEsu Christi willen zu unternehmen, so hatte Ers den Augenblick schon vor den Thron GOttes gestellet,[266] und, indem andre hin und her dachten, was bey so vielen Schwierigkeiten zu thun wäre, so kamen Seine Conclusiones und Schlüsse aus der Höhe schon zurücke, nur die Mittel und Ausführungen hatte Er droben, in den Händen GOttes, gelassen; und da klang es offt gar anders, als ihr[267] die menschliche Vernunfft wol vorgestellet hatte.

Die Welt hat sich in seine Glaubens=Wercke nimmer finden können; sie hat sich den Kopff zubrochen,[268] und ist bis hieher mit ihrer Erklärung solcher Glaubens=

---

259 Gemeinde im Osten; gedacht ist offenbar an die Ansätze einer Judenmission.
260 Der Begriff bezieht sich auf den Topos von der Kirche als Weinberg des Herrn (vgl. Mt 20,1–16).
261 Tamilen auf dem südindischen Subkontinent; gedacht ist an Franckes Mitarbeit im Rahmen der Dänischen Mission in Tranquebar.
262 Ps 84,8.
263 Vgl. Joh 8,7.59.
264 Vgl. 1Kön 8,4.
265 Vgl. 1Kor 3,11.
266 Im Gebet vor Gott gebracht.
267 Sich.
268 Zerbrochen.

Handlungen, die am hellen Tage liegen, nicht fertig worden. Solte der Welt noch der grosse Theil Seiner Glaubens=Thaten, die nicht eben so vor aller Welt offenbar worden, kund werden; würde sie alles anfangen in Zweifel zu ziehen. Doch wissen die, welche den theuren GOttes=Knecht genauer gekannt, oder seine Schrifften gelesen, und von seinem Glauben gehöret haben, daß ich nicht zu viel sage, wenn ich Ihn unter die allergrössesten Glaubens=Helden, die je gelebet haben, rechne.

Er hatte etwas an sich, welches Ihn noch von andern treuen, und um die Kirche JEsu Christi höchstverdienten, und ausbündig[269] frommen Lehrern unserer Zeiten distinguirte.[270] Denn wenn jene, durch allerley Bedachtsamkeit und Uberlegungen, furchtsam gemachet wurden; so hatte GOtt diesen seinen Knecht mit solchem Heldenmuth angezogen, daß Er wider alles Hoffen und Schauen hindurch brach, und bloß auf die Hülffe und den Beystand des lebendigen GOttes so was angegriffen, dergleichen vor Ihm sich nicht leicht jemand getrauet hatte. Denn Er sagte: *Auf den lebendigen GOTT könne man schon was wagen; denn er sey groß und mächtig genug, es auszuführen, und werde seine arme Kinder, die auf Ihn ihr Vertrauen setzen, nicht stecken lassen.*

Hatte Er eine Sache im Glauben angefangen, so mochte sie nun durch solche Prüfungen gehen, wie sie wolte, so ließ Er Ihm keine Einwürfe wider den Glauben einreden; sondern, wenn andere darüber in Kümmerniß und Sorgen schwebten, und nichts als lauter Unglück vorher sehen wolten, saß Er in der grössesten Sicherheit, betete, und schärfte anderen die Straf=Pre-

---

269 Hervorragend, aus dem Bund heraustehend.
270 Unterschied.

digt[271] Christi ein: *Habe ich dir nicht gesaget: So du glauben würdest, du soltest die Herrlichkeit GOttes sehen.* Joh. 11,40.[272] Wie Er denn einsten, bey solcher Gelegenheit, an mich schrieb:[273] *Die Sache ist im Glauben und Vertrauen auf den lebendigen GOtt angefangen. Die hertzliche Liebe zur Kirchen GOttes hat mich dazu bewogen; ey so bin ich gutes Muthes, der HErr ist mir Bürge für allen Schaden.* Und o! wer könte zu Ende kommen, wenn man alle Theile Seines Christenthums durchgehen, und den Glaubens=Wandel des sel. Mannes darinnen zeigen wolte?

II. Hat mir, auf der andern Seite, Seine *göttliche Weisheit und Vorsichtigkeit, und seine gantz ungemeine Passivität,*[274] beständig in die Augen geleuchtet. Ich werde jetzund nicht gedencken seiner besondern Prudence,[275] in Einrichtung so grosser Anstalten, noch auch seines weisen Verhaltens im Leben, Leiden und Sterben, (die Er allerdings in grossem Maasse hatte;) sondern nur den Theil Seiner Weisheit vorstellen, der Sein Gemüth in solche innigste Ruhe und Passivität stellete, und Ihn nichts vornehmen liesse, ehe Er ein offenbares Wort, oder sicheren Winck und Finger GOttes vor sich hatte. Solte aus Seinem Glauben keine Vermessenheit werden, so muste Er allezeit einen göttlichen und himmlischen Grund haben, daraus Er sich des Schlusses im Himmel, und der gewissen und ohnfehlbaren Hülfe Gottes versichern könte. Hatte er nun solchen göttlichen Willen nicht offenbar zum Grunde; so gieng er nicht einen Schritt von seiner Stätte, und ließ sich auch,

---

271 Bußpredigt Christi.
272 Joh 11,40.
273 Der Brief wurde nicht ermittelt.
274 Leidsamkeit, Gelassenheit; Begriff der mystischen und quietistischen Tradition für die Bereitschaft, Gott in sich wirken zu lassen.
275 Weisheit.

durch keine Vorstellungen, zur falschen Activität bewegen, sondern sagte es heraus: *Da sähe er noch keinen Winck und Willen GOttes, und könne also nichts vornehmen.*

5 Es ist zwar diese Gabe des sel. Mannes, unter allen seinen Gaben, der Welt am meisten verborgen blieben: und es ist kein Wunder, weil es alleine in der Schule des H. Geistes solche Classen giebet, darinnen diese Gabe erhalten wird. Doch haben diejenigen, denen GOtt er-
10 öffnete Augen gegeben, es wohl erkannt, und die grosse Lauterkeit des theuren Mannes, mit Verwunderung, angesehen. Er pflegte uns dieses, als den grössesten Vortheil eines Knechtes GOttes und Dieners der Kirchen GOttes, mit grossem Ernst einzuschärffen: Man
15 solle ja nicht, unter dem Prætext[276] des Glaubens, oder eines grossen Vertrauens auf GOtt, durch seinen Eigenwillen,[277] sich zur falschen fleischlichen Activität verleiten lassen, und sich in Gefahr begeben, wo man keinen offenbaren Willen und Winck GOttes vor sich
20 hätte; sondern sich, wie einen umgürteten Knecht,[278] seinem GOtt darstellen, und, mit Ruhe, abwarten, wenn, wie, wo und was der Haus=HErr[279] befehlen würde: da würde man denn zeitig genug seinen Glauben anwenden können, und alsdenn wohl erfahren, wie
25 hoch einem solche Glaubens=Ubungen zu stehen kämen. Er war sehr übel zufrieden, wenn andere Glaubens=Helden zu seyn affectirten,[280] und Ihm, bald in diesem, bald in jenem Stücke, es nachthun wolten; da sie doch keinen Ruf, Winck und Finger GOttes vor sich hatten, und dadurch sich selbst der Welt zum Schau-

---

276 Vorwand.
277 Der Eigenwille muss nach pietistischer Auffassung zugunsten der Führung durch Gottes Vorsehung gebrochen werden.
278 Vgl. Eph 6,14; Lk 12,35.
279 Vgl. Lk 12,39.
280 Erkünstelten, sich verstellten.

spiel[281] machten, und noch dazu das Wort vom Glauben vor dem argen Geschlechte prostituireten.[282]

Daher pflegte Er, wenn er jemanden von Halle dimittirte,[283] ihm diese Passivität ins besondere, als eine Haupt=Pflicht eines Studiosi Theologiæ, einzubinden, und es offt mit seinem Exempel zu erläutern, da Er sagte: *Die Welt schreibet die Wercke GOttes, die durch meine Hand gangen sind, meiner Activität zu; da will sie bald dieses, bald ein anderes an mir finden, welches mich zur Ausführung eines solchen Unternehmens solle capabel gemacht haben: alleine, die thörichte Welt will nur GOtt keine Ehre lassen, und alles nur zu was menschliches machen. Wenn aber Menschen=Verstand dazu hinlänglich wäre, ey so stünden ja viele solche und noch grössere Wäysen=Häuser da; denn es giebt ja viel klügere Leute, als ich bin. Ich bin, in allen meinen Sachen, immer passive gegangen, habe stille gesessen, und nicht einen Schritt weiter gethan, als ich den Finger GOttes vor mir hatte. Wenn ich denn sahe, was die Hand GOttes vorhatte, trat ich, als ein Knecht, hinzu, und brachte es, ohne Sorge und Mühe, zu stande; weil der HErr alles that, und ich dabey stille seyn konte. Daher ists mir im Schlafe[284] worden, was anderen, bey alle ihrem Verstande, Kunst und Weisheit, nicht hat gelingen wollen.*

III. Habe ich an dem sel. Mann, mit vieler Erbauung, wahrgenommen, wie er sich der allgemeinen Kirche Christi angenommen, und wie er sich verhalten, da Er von so vielen, als ein Vater, und als eine Säule und Stütze der Kirche[285] angesehen wurde. Viele tausend

---

281 Vgl. 1Kor 4,9; Hebr 10,33 u.a.
282 Mt 12,45. – Dem Gespött aussetzen, verächtlich machen.
283 Entlassen.
284 Vgl. Ps 127,2.
285 Vgl. Gal 2,9.

Seelen, die durch Ihn zu GOtt geführet worden, haben Ihn, als ihren Vater, verehret, und in ihrer Noth zu Ihm ihre Zuflucht genommen, (auch thätliche Hülffe von Ihm genossen, dahin unter andern die *in Siberien* ge-
5 fangene, und in ziemlicher Zahl, durch die Trübsal, zu GOtt gezogene Schweden[286] zu rechnen, derer Er sich, mit gar besonderer Sorgfalt, angenommen, daß Er ih-nen auch mit leiblicher Handreichung zu statten kom-men, der geistlichen Erweckungen nicht zu gedencken,
10 wie davon der Hoch=Wohlgebohrne Herr, *Hr. Curt Friedrich von Wreech,*[287] gewesener Capitain unter dem Königl. Schwedischen Albedylischen Dragouner-Regi-ment, in seiner Historie von den Schwedischen Gefan-genen in Rußland und Siberien,[288] rühmliche Meldung
15 gethan hat.)

Wenn ich nun dabey das Christliche und demüthige Verhalten des Seligen ansahe, so fanden sich da lauter Characteres eines Apostolischen Mannes. Ich habe offt mit Bewunderung erwogen *Seinen genauen und ver-trauten Umgang mit GOtt*, dessen Er sich nicht anders, als ein Freund seines allervertrautesten Freundes,[289]

---

286 Nach der Schlacht von Poltava (8. Juli 1709) fand unter den von Peter dem Großen in Kriegsgefangenschaft gehaltenen Offizieren in schwedischen Diensten eine Erweckung statt; von Wreech begründete im sibirischen To-bolsk eine nach den Prinzipien des halleschen Pietismus geführte Schule für die Kinder der gefangenen Offiziersfamilien.

287 Lebensdaten unbekannt; vgl. Biografiskt lexikon öfvar nammkunnige svenske män. Bd. 1–23, Stockholm u. a. 1835–1875.

288 Wahrhaffte und umständliche Historie von denen Schwedischen Gefange-nen in Rußland und Siberien, Welchergestalt dieselbe nach dem A. 1709. bey Pultawa in der Ukraine mit denen Rußen gehaltenen unglücklichen Treffen, in ihrer Gefangenschafft, zum Theil von GOtt kräfftig zur Buße erwecket worden, und was sich insonderheit bey der, von einigen unter ih-nen angerichteten Schule, zu Tobolsky von Anfänge bis zu Ende, wie auch auf ihrer Zurückkunfft nach erfolgten Friedens=Schluß begeben hat, mit-getheilet von Curt Friedrich von Wreech / gewesenen Capitaine unter dem Königl. Schwedischen Albedylischen Dragouner-Regiment, Sorau: Joh. Gottlieb Rothe 1725.

289 Vgl. Ex 24,18.

gebrauchte: *Seinen beständigen Wandel vor Gott;* alles, was Er redete, geschahe als aus GOtt, vor GOtt, und in Christo JEsu; und er mochte seyn, unter was für Art Leuten er wolte, venerirte[290] er GOtt, als die vornehmste Person, in der Gesellschafft, und ließ sich nichts von Dessen Angesicht distrahiren:[291]

Seine allgemeine *Menschen=Liebe;* diese, weil sie ihren Ursprung aus der Liebe GOttes hatte, war in Ihm das Trieb=Rad,[292] welches alle Seine zur Seligkeit der Menschen abzielende Anstalten, Vorstellungen und Erweckungen dirigirete; denn, da Sein GOtt Ihm Barmhertzigkeit erwiesen[293] hatte in JEsu Christo, so hatte das in Ihm eine Begierde angezündet, auch allen Menschen gutes zu thun, und ihnen sich so hinzugeben, wie sein GOtt es Ihm gethan hatte:

Seinen evangelischen und erwecklichen Umgang mit allen Menschen. Es mochte jemand zu Ihm kommen, in was für Umständen es auch war, so pflegte Er keinen niederzuschlagen,[294] aber wohl iederman mit erwecklichen Zusprüchen, Ermahnungen und Aufmunterungen von sich zu lassen, und die evangelis. Zuflüsse, aus der Fülle JEsu Christi,[295] die Er selber geschmecket, einem mit solcher Freudigkeit in die Tieffe des Hertzens einzuführen, daß man niemals von Ihm gieng, daß man nicht Ströhme der lebendigen Wasser[296] hinweggetragen hätte, und es lange Zeit mercken konte, wie man durch Seine erweckliche Unterredungen erbauet worden.

---

290 Verehrte.
291 Zerstreuen, ablenken.
292 Das Rad, das ein anderes antreibt, insbesondere das Rad, das die Bewegung vom Antrieb auf das (Fahr-) Werk überträgt.
293 Vgl. 1Tim 1,16.
294 Zu entmutigen.
295 Evangelis[chen]. – Vgl. Joh 1,16.
296 Joh 7,38.

Ich habe gesehen Seine gantz *ungemeine Lang-muth,*[297] damit Er die Schwachen getragen;[298] Er warff seinen Nechsten, um eines Fehls willen, nimmer weg, sondern trug alles an ihm, so Er nur ohne Sünde tragen konte, mit grosser Geduld, und hatte immer die Hoffnung zu GOtt, daß er es schon zu rechter Zeit würde wegzubrennen wissen:

Seine *Sanfftmuth*[299] in Zurechtweisung der Irren-den;[300] da Er eine so weise Temperatur[301] und Masse zwischen Ernst und Liebe zu brauchen wuste, daß viele, bey denen andere alles angewendet, und sie schon verlohren gegeben hatten, durch Seine sanfftmüthige Corrrectiones[302] sind gewonnen worden:

Seine *völlige Gelassenheit*[303] in den Göttlichen Willen; denn, wie es Sein himmlischer Vater Ihm zu-schickte, und seine Sachen führete, so, und nicht anders, war es Ihm recht, und Er freuete sich darüber:

Seine *grosse Geduld* unter so mancherley Leiden,[304] darinnen Ers bis auf die Stuffen gebracht hatte, dahin Paulus kommen war: *überschwenglich in Freuden zu seyn in allen seinen Trübsalen.*[305]

Daß ichs kurtz zusammen fasse: Ich habe gesehen, Seine *Mühe und Arbeit,*[306] in Errettung der durch Christi Blut erkaufften Seelen;[307] Seine *Sorge,* Sein *Gebet,*

297 Vgl. Kol 1,11.
298 1 Thess 5,14.
299 Vgl. Kol 3,12; 1Tim 6,11.
300 Vgl. Jak 5,19 f.
301 Mäßigung, Ausgleich.
302 Ermahnungen.
303 Mystischer Begriff; im Pietismus vor allem als Gelassenheit des Willens, Unterdrückung des Eigenwillens und Bereitschaft, sich von Gott führen zu lassen; vgl. Mt 26,39 par.
304 Vgl. 2Kor 1,6.
305 2 Kor 7,4.
306 Biblische Begriffe; vgl. bes. 2Kor 11,27 f.; Kol 2,1.
307 Vgl. Apk 5,9.

Seinen *Kampf,* für so viele Gemeinen, und für so viele einzele Personen in allen Gemeinen; Seine *Last* bey so grossem täglichen Uberlauff; aber bey dem allen einen heldenmüthigen, freudigen und in der Gnade JEsu lebenden und schwebenden Geist, der durch keine Leiden konte mürbe gemachet werden, sondern, durch den Glauben, alle Berge versetzte.[308]

O wie offt habe ich an die Worte Pauli gedacht, 2 Cor. 11,27.28.[309] wenn ich sahe, wie die Last einer jeden Gemeine, so Er gepflantzet[310] hatte, ja fast eines jeden Schafes, so Er gewonnen hatte, sich immer auf Ihn wieder reducirte, und auf Seinen Hals endlich zurücke fiel! Wer war schwach, und Er wurde nicht schwach? Wer wurde geärgert, und er brannte nicht? 2 Cor. 11,29.[311]

Will Jemand die Ursache wissen, so war es *Sein gantz unersättlicher Hunger und Durst, Christo Seelen zu gewinnen und zuzuführen*, wie Hr. Past. Freylinghausen meldet.[312] Dieser war in Ihm gewiß so feurig und starck, daß man versichern kan, daß, wenn es möglich gewesen wäre, einen Jeden auf dem Rücken in den Himmel zu tragen, und dem HErrn JEsu auf seinen Schooß zu setzen, es ihm nicht zu viel würde gedeucht[313] haben, sondern mit Hertzens=Lust und Freude von ihm geschehen seyn würde.

Eben darum war Sein grössestes Leiden, nicht, wenn Er von andern geschmähet und verlästert ward, (dessen Er sich vielmehr freuete,) sondern, wenn Er sahe, daß

---

308 1Kor 13,2; vgl. Mt 17,20.

309 2Kor 11,27 f.: „In mühe vnd erbeit / In viel wachen / In hunger vnd durst / In viel fasten / In frost vnd blösse. ON was sich sonst zutregt / nemlich / das ich teglich werde angelauffen / vnd trage sorge für alle Gemeinen." (Luther 1545).

310 Vgl. 1Kor 3,6.

311 2Kor 11,29.

312 Die Passage (S. 113, Z. 15 – S. 114, Z. 7) ist Zitat aus der genannten Predigt (s. S. 151) Freylinghausens, S. 47 f.

313 Gegolten.

bey aller Arbeit und Aufopferung Seiner Kräfte in dem
Dienste Seines HErrn, bey allem Bitten, Flehen und Ermahnen, dennoch die meisten blieben, wie sie lange gewesen. Gleichwie Er auch gewiß von keiner grössern
5 Freude wuste, als wenn Er Merckmahle einer gründlichen Bekehrung und aufrichtigen Liebe zu dem HErrn
JEsu an den Seelen spüren konte.

IV. Wie sich der sel. Mann allenthalben als einen Diener
10 GOttes zu beweisen pflegte, so that Er es auch über Tische, bey seinem Essen und Trincken. Es wurde da
nicht hin und her, bald von diesem, bald von jenem geredet, sondern Er communicirte[314] uns entweder einige
erbauliche Nachrichten von dem Segen und den Wegen
15 GOttes an anderen Orten, oder führete mit uns ein er-
weckliches Gespräch, oder ließ, in Ermangelung der Gelegenheit, von Seinen geliebtesten Enckeln einem jeden, der über Tische saß, einen erwecklichen Biblischen
Spruch zur Erbauung geben. Und so wurde Essen und
20 Trincken zur Ehre GOttes geheiliget. In Seinem Hause
herrschete ein stilles, ruhiges und sanfftmüthiges Wesen,[315] und wurde keine κραυγὴ, πικρία, θυμός [etc.],
kein Geschrey, Zorn, Bitterkeit[316] gehöret: und wie ich
keines von denen vitiis domesticis,[317] die Paulus Eph. 4,
25 29–31. bestrafet, in seiner Oeconomie[318] herrschen gesehen; so habe ich dagegen wol alle die virtutes dome-
sticas,[319] die v. 32. recommendiret sind, in seinem Hause
gefunden. Kurtz, es war alles so eingerichtet, wie Paulus es erfordert: *Ihr esset oder trincket, oder was ihr
thut, so thut es alles zu GOttes Ehre.* 1 Cor. 10,31.[320]

---

314 Teilte mit, berichtete.
315 Vgl. 2Thess 3,12.
316 Eph 4,31.
317 Häusliche Laster.
318 Haushalt.
319 Häusliche Tugenden.
320 1Kor 10,31.

Was aber endlich desselben letztere Kranckheit anlanget, geben davon die Herren Medici folgende Nachricht: Als bey dem seligen Herrn Professor, im 63. Jahr seines Alters, die sonst gewöhnliche Nacht=Schweisse einiger massen ins Stecken geriethen, stellete sich der bekannte affectus senilis,[321] dysuria[322] genannt, nach und nach bey demselben ein. Wie aber, durch diese schmertzhaffte motus,[323] welche bey sieben viertel Jahr daureten, nichts fruchtbares ausgerichtet wurde, fand sich, an deren statt, das andere extremum ein, nemlich abolitio motuum vitalium,[324] und erfolgete, im November, 1726. eine vera paralysis,[325] oder Lähm=Fluß, an der lincken Hand; da denn die dysurie, nebst den übrigen motibus hæmorrhoidalibus,[326] bald darauf sich verlohren, und, bey 6. Monathe, nicht mehr verspüret wurden. Währender Zeit, erholte sich nun zwar der selige Herr Professor von seiner erlittenen paralysi dermassen, daß er wieder herum gehen, und auch einige gemäßigte Labores[327] verrichten konte; es blieb aber doch eine merckliche Schwachheit zurück, und sonderlich konte die gelähmte Hand, ohngeachtet vieler angewandten Hülffs=Mittel, nicht völlig restituiret[328] werden.

Diese Schwächlichkeit erstreckte sich bis an den 25sten Maji dieses 1727sten Jahrs, an welchem so wol die dysurie, als andere schmertzhaffte motus hæmorrhoidales, mit grosser Hefftigkeit, sich wieder einfan-

---

321 Altersleiden.
322 Schmerzhaftes Urinieren.
323 Bewegungen.
324 Verlust der Lebensbewegungen; hier wohl Stocken der Peristaltik, Verstopfung.
325 Echte Lähmung, Schlaganfall.
326 (Heftige) Blutbewegungen.
327 Tätigkeiten.
328 Wiederhergestellt.

den, und einen typum,[329] doch ohne sonderliche fieber-
haffte Hitze, formirten.[330] Bey diesen bedencklichen
Umständen, wurden nicht allein die drey Herren Medici
des Wäysen=Hauses, Herr Hof=Rath Richter,[331] Herr
5   D. Juncker,[332] und Herr D. Becker,[333] gebrauchet; sondern diese unterliessen auch nicht, mit dem Herrn
Hof=Rath Hofmann,[334] und Herrn Prof. Coschwitz[335]
zu conferiren; nichts desto weniger nahm die Kranckheit täglich zu, und, am siebenden Tage, brach das rothe
10   Friesel,[336] welches mit weissen pustulis[337] hin und wieder vermischet war, am gantzen Leibe, sehr häufig heraus, man merckte auch, daß die, unter dem langwieri-
gen apparatu motuum congestoriorum,[338] nach denen
viis urinariis[339] hingeführte scharffe humores[340] eine
15   würckliche læsion[341] verursachet hatten, massen,[342] in
den letzten drey Tagen der Kranckheit, eine materia ul-
cerosa per urinam[343] ausgeführet wurde. Je näher es
aber zum Ende gieng, desto mehr liessen die motus
spastici circa vesicam & intestinum rectum[344] von ihrer

---

329   Rückfall, regelmäßige Krankheitswiederkehr.
330   Bildeten.
331   Christian Sigismund Richter (1672/3–1739), Arzt und Apotheker im Wai-
      senhaus.
332   Johann Juncker (1679–1759), seit spätestens 1717 Arzt des Waisenhauses.
333   Heinrich Becker (1700–1729), Dr. med. 1720, Arzt des Waisenhauses.
334   Friedrich Hoffmann (1660–1742), seit 1693 Professor der Medizin in
      Halle, seit 1703 Hofrat, seit 1709 Leibarzt des preußischen Königs, seit
      1712 wieder in Halle.
335   Georg Daniel Coschwitz (1679–1729), seit 1716 außerordentlicher, seit
      1718 ordentlicher Professor der Medizin in Halle.
336   Roter Hautausschlag, auch Scharlach.
337   Bläschen.
338   Entstehung dickflüssigerer Bewegungen.
339   Harnwegen.
340   Nässe, Flüssigkeiten.
341   Verletzung.
342   So dass, weil (Konjunktion des 16.–18. Jahrhunderts).
343   Geschwürige Substanz (Blutgerinsel) durch den Urin.
344   Krampfartige Bauchschmerzen an Harnblase und Mastdarm.

Hefftigkeit nach, bis endlich, unter ziemlicher Ruhe von Schmertzen, und in völliger Zufriedenheit des Gemüths, die Auflösung,[345] am 15. Tage, auf eine gantz sanfte und fast unvermerckte Weise, erfolgete. So weit gehet der Hrrn. Medicorum Bericht von des Seligen Krankheit.

Nun noch mit wenigen zu berühren, in was vor einem Gemüths=Zustande[346] derselbige sich, unter diesem Leiden, befunden; so kan man mit aller Wahrheit versichern, daß Er sich nicht nur, auf eine recht kindliche Weise, hierin, dem Willen des himmlischen Vaters unterworffen, sondern auch, so wol in der erstern, als in der letzten Kranckheit, durch seine erbauliche Reden, darinnen Er theils die in seinem Hertzen vorgehende Glaubens= und Trost=volle Würckungen GOttes ausdruckte, theils die Umstehenden ermahnete, und segnete, diesen zur grossen Erweckung gedienet habe. Als Er von seinem ersten KranckenLager wieder aufgestanden, hat Er, unter einigen andern Verrichtungen, dieses sein vornehmstes Geschäffte seyn lassen, daß Er fast täglich eine Betrachtung von dem ewigen Leben anstellte, und zu dem Ende etliche von dieser Materie herausgegebene Schriften, z. E.[347] des *Philippi Nicolai* Freuden=Spiegel des ewigen Lebens,[348] selbst las, und sich vorlesen ließ. Er hat mehrmalen bezeuget, daß Ihm dieses einen Labsal, der süsser als Honig und Honig-

---

345 Wörtliche Übersetzung des griechisch-neutestamentlichen Wortes für Tod (2Tim 4,6).
346 Gemüt; hier als Inbegriff der Seele.
347 Z[um] E[xempel].
348 Philipp Nicolai (1556–1608): Frewden Spiegel deß ewigen Lebens. Das ist: Gründtliche Beschreibung deß herrlichen Wesens im ewigen Leben / sampt allen desselbigen Eygen=schafften vnd Zuständen / auß Gottes Wort richtig vnd verständtlich eyngeführt, Frankfurt a. M. 1599 (Neuauflagen bis ins 20. Jahrhundert).

seim[349] sey, gebe: (wie Er denn auch vormals an Herrn *Joh. Watts,* eines Predigers zu Stoke-Newington[350] in Engelland, zweyen Predigten[351] so viel Erbauung und Vergnügen gefunden, daß Er so gar in dem letzten Jahr

5 seines Lebens einem geschickten Mann, Herrn Past. G. K.[352] aufgetragen hat, dieselbe aus der Englischen Sprache, darinne sie zu erst geschrieben worden, in die deutsche Sprache zu übersetzen, damit auch andere solches heiligen Vergnügens theilhafftig werden möchten,

10 welches denn auch würcklich geschehen; massen man dieselbe unter dem Titel: Joh. Watts - - Tod und Himmel, mit einer Vorrede Hrn. Prof. Joh. Jac. Rambachs, im Glauchischen Wäysen=Hause, 1727.[353] gedruckt, bekommen kan.)

15 Vor einigen Wochen, machte Er einen Anfang, an seine alten Freunde Erweckungs=Schreiben,[354] in Lateinischer Sprache, abzulassen, des Inhalts, ut, in se-

---

349 Ps 19,11.

350 Heute Stadtteil von London (nördlich der Themse).

351 Isaac Watts (1674–1748): Death And Heaven Or The Last Enemy Conquer'd, And Separate Spirits made perfect: With an Account of The Rich Variety of their Employments and Pleasures; Attempted in Two Funeral Discourses, In Memory of Sir John Hartopp Bart, and his Lady, deceased. – By I. Watts. – The Second Edition Corrected. – 1 Pet. iii. 7. Heirs together of the Grace of Life. – London 1724; Exemplar (HBFSt 43 G 25) mit Widmungseintrag. „For the Library of the Hospital at Glaucha neer Hall From the author JW". – Isaak Watts (1674–1748), bedeutender englischer (Kirchen-) Lieddichter und populärer Schriftsteller. – Im Text falsche Auflösung der Vornameninitiale.

352 Übersetzer ist Magister Georg Klein-Nicolai (1671–1734), Pfarrer in Zeulenroda (Thüringen).

353 Jsaac Watts, Predigers zu Stoke-Newington in England, Tod und Himmel oder Der besiegte letzte Feind, und Die Geister der vollendeten Gerechten, nebst einiger Untersuchung der grossen Mannichfaltigkeit ihrer himmlischen Geschäfte und Ergetzlichkeiten; Wegen des erwecklichen Inhalts aus dem Englischen ins Hochteutsche übersetzt von M.G.K.P. Z. und mit einer Vorrede begleitet von Johann Jacob Rambach, der Heil. Schrift Prof. Ord. zu Halle: Waisenhaus 1751.

354 Der Entwurf eines solchen Schreibens an [Heinrich] von der Lith in Ansbach, datiert vom 20. (korrigiert aus 17.) 5.1727, findet sich im AFSt/H A135: 88 (2° 2 Bl.); s. bes. S. [3]: „ut mecum, in senectute, pio ac christano modo, contra senectutem pugnarent [...]". Abgedruckt ist ein solches

nectute, contra senectutem pugnarent, das ist, daß sie doch, mit Ihm, in ihrem Alter, wider die mit diesem verknüpffte Gebrechen und Schwachheiten, kämpffen möchten, daß es nicht hiesse: Da sie noch jung gewesen, hätten sie sich zwar wacker und eyferig in dem Werck des HErrn erwiesen; nachdem sie aber alt worden wären, nähme man an ihnen nichts anders, als Kaltsinnigkeit und Trägheit, wahr.

Am 15ten Maji hielt Er wiederum eine Lectionem paræneticam in dem Auditorio publico, und zwar de utilitate, ex adversa valetudine, a Theologis, ac verbi divini ministris, tum capienda, tum ecclesiæ ministranda;[355] welches die erste nach seiner vorigen Kranckheit war, aber auch zugleich die letzte gewesen ist; und beschloß Er dieselbe auf eine Ihm fast ungewöhnliche Weise, mit diesem Wunsch: *So gehet nun hin, und seyd gesegnet dem HERRN immer und ewiglich!*[356]

Am Sonntage Rogate,[357] hat Er auch, zum letzten mal, und zwar öffentlich, wiewol bey mercklich schwächern Leibes=Constitution, communiciret,[358] und auch daher eine besondere Stärckung empfangen.

Am Sonnabend vor Exaudi[359] fuhr Er nachmittags in den Wäysen=Hauß=Garten, wo auch einige andere Christliche Freunde sich eingefunden, da Er ein sehr inbrünstiges Gebet gethan, und darinn fast eine Stunde

---

Schreiben (vom 23.5.1727) in: Die X. Historie. Von einem in allen vier Theilen der Welt bekannten und hochberühmten Theologo (s. Quellen und Literatur, 2), S. [257–283] 275–277.

355 Eine ermahnende Vorlesung im öffentlichen Hörsaal über den Nutzen, den Theologen und Diener des göttlichen Wortes aus der widrigen Gesundheit sowohl ergreifen als für die Kirche nutzbar machen können; eine Mitschrift („Lectio 1. Paraenetica, de utilitate ... [Donnerstag] 15. Maij 1727") von Christoph Immanuel Homeyer findet sich in AFSt/H A 139, S. 139–164; eine weitere Mitschrift in AFSt/H A 116, S. 741–768.

356 Vgl. 1Chr 17,27.

357 18. Mai 1727.

358 Das Abendmahl genommen.

359 24. Mai 1727.

lang angehalten, und zwar, so viel die guten Freunde davon behalten können, folgenden Inhalts: Er priese zuerst GOTT, daß Er Ihn bald, nachdem er das Licht der
Welt erblicket, in den Gnaden=Bund der Heil. Tauffe
aufgenommen, und Ihn da aller Seligkeit, welche er Ihm
in Christo geschencket, theilhafftig gemacht; auch daß
Er, bald in seiner zarten Kindheit, in Ihm seine Gnade
habe kräfftig werden lassen. Es wären nun 40. Jahr,[360]
da Ihn GOtt gantz kräfftig zu sich gezogen,[361] und, da
er, mit seinen vielen Sünden, gantz etwas anders ver-
dienet, ihn mit Wollust geträncket, als mit einem
Strohm;[362] seine Trauer=Thränen,[363] welche er über
sein tieffes Elend vergossen, in lauter Freuden= und
Lob=Thränen verwandelt; und seine Liebe, in seiner
Seelen, so lebendig werden lassen, daß sein Hertz von
derselben gantz durchströhmet worden, daß da alle
Angst und Traurigkeit auf einmal gantz verschwun-
den[364] wäre, daß er hätte ausrufen müssen: O! du lieber
Abba,[365] ist das die süsse Milch,[366] damit du deine zarte
Säuglinge speisest? (Den Freytag, als den vorigen Tag,
als er auch dieses erwehnte, sagte Er: Es sey ihm da
recht gewesen, als wenn er an der Brust GOttes gehan-
gen; da habe er auch gedacht: wenn du in deinem Leben
hieran gedencken wirst, wirst du auch wol können un-
gläubig seyn? und so offt er denn auch daran gedacht
hätte, habe er allezeit Krafft und Stärcke genug gehabt,
alles zu überwinden.)

---

360 Bekehrung in Lüneburg 1687.
361 Vgl. Joh 6,44.
362 Ps 36,9 (s. *Lebenslauff,* Anm. 344).
363 Vgl. Ps 126,5.
364 Vgl. Joh 16,20.
365 Pietistische Sondersprache; liebevoller Gottesname „Papa", vgl. Mk 14,36;
     Röm 8,15.
366 Vgl. 1Kor 3,2 u. ö.

Zwar habe er auch, nach seiner Bekehrung, vielmals gestrauchelt und gefehlet; doch habe ihn Gott nicht lange nach Gnade schreyen, sondern ihm bald sein Antlitz wieder leuchten lassen,[367] ihm seine Fehler vergeben, und ihn mit neuer Krafft angezogen. Ja, sagte er zu GOtt, du hast mein Hertz offt mit Freude erfüllet, daß mir ist gewesen, als wolte es zerspringen; und setzte hinzu: da habe er denn auch vielmal, unter freyem Himmel, den Bund mit GOtt gemacht, und etwa gesagt: So du wilt mein GOtt seyn, so will ich dein Knecht seyn:[368] und habe denn offt gebetet: HErr, schaffe mir Kinder,[369] (welches er geistlicher Weise von einer reichlichen Frucht seines Lehr=Amts verstanden) wo nicht; so sterbe ich; gieb mir Kinder, wie den Thau aus der Morgenröthe;[370] gieb mir Kinder, wie die Sterne am Himmel.[371] *Und fuhr fort:* So hast du es denn geschehen lassen, daß du mich zu einem Canal gemacht, durch welchen du die Wasser des Lebens,[372] auch auf viel andere Seelen, hast fliessen lassen; ja du hast diesen Segens=Strohm so lassen fortgehen, daß auch kein Theil der Welt ist, dahin er sich nicht ergossen hat; Und so laß ihn denn ferner fortgehen, daß nicht nach diesem, wie etwa mancher dencken möchte, daß es geschehen würde, der Segen nicht so fortgehe; sondern laß ihn immer in grösserm Maaß fortgehen, daß, wie es im Leiblichen ist, wenn ein voller Strohm in noch einen grössern eingehet, so auch dieser Segen fortgehe, durch alle Zeiten, bis ans Ende der Welt![373]

---

367 Ps 31,17; 80,4; auch in der liturgischen Formel des aaronitischer Segens (Num 6, 24–26).
368 Vgl. Ps 119,124 f. u. ö. – In der Bibel wird freilich gewöhnlich umgekehrt formuliert: „ich will ihr Gott sein" (z. B. Jer 24,7).
369 Gen 30,1.
370 Ps 110,3.
371 Vgl. Gen 22,17 u. ö.
372 Apk 22,17; vgl. Joh 7,38.
373 Vgl. Mt 28,20.

Weiter sagte er, in seinem Gebet: Und so hätte es ja
auch ferner GOtt gefallen, ihn so zu nehmen, und hin-
zusetzen, als man etwa ein Kind im Hause nehmen, und
es auf den Tisch setzen möchte, da denn iederman dem
5 Kinde etwas zuwürffe, daran es seine Freude haben
solte. So habe ihm GOtt auch das Wäysen=Haus zuge-
worffen; und habe ihn dabey hingesetzet, indem er eine
Zeitlang nahe dabey gewohnet, daß er nur zugesehen,
was GOtt gethan. Da er denn wol offt gedacht: wenn
10 wirds doch alle seyn? und habe er da recht erfahren, was
von dem HErrn gesagt würde: Du thust deine milde
Hand auf:[374] wenn er des Abends sich niedergeleget,
habe er immer von verflossenem Tage einen neuen Segen verspüret; des Morgens, wenn er wieder aufgestan-
15 den, habe er immer auch den lieben GOtt, gleichsam
beyde Hände voll habend, gesehen. Und wie ihm GOtt
habe in sein Hertz gedruckt: du wirst noch grössere
Dinge sehen,[375] und daß sein letzterer Segen grösser
werde seyn, als der erstere; so würde es geschehen.

20 *Dann bat Er aber,* daß doch GOtt seine geistliche
Söhne und Töchter, die er ihm gegeben, erhalten und
bewahren wolle: und da er, im vorigen Jahr, von der
Fülle des Geistes geredet, und ein Büchlein davon heraus gegeben;[376] so möchte es doch GOtt, bey einem ie-
25 den, der es läse, kräfftiglich gesegnet seyn lassen, daß,
so viel Eigenschafften des Geistes da angeführet wären,
so viel Seuffzer in den Hertzen darnach seyn, und also

---

374 Ps 145,16.
375 Vgl. Joh 1,50; 5,20.
376 A. H. Francke: Meditation Von der Fülle des Geistes. In: A. H. Francke:
    Send=Schreiben an die Fünf Königl. Dänische Evangelische Herren Mis-
    sionarios zu Tranquebar in Ostindien, [...] Eiusd. Meditation von der
    Fülle des Geistes, [...] nebst Eiusd. zu dieser Meditation gehörigen Lec-
    tione Paraenetica, [...], Halle: Waisenhaus 1727, S. 17–77 (August Her-
    mann Francke 1663–1727. Bibliographie seiner Schriften. Bearb. von *Paul
    Raabe* und *Almut Pfeiffer,* Tübingen 2001, Nr. C53.1).

diese mit den Früchten des Geistes, als Glaube, Liebe, Sanftmuth, Demuth u. d. gl.[377] erfüllet, und der Grund bey einem ieden immer tieffer geleget werden möchte, auf daß, wie im Leiblichen eine Wasser=Kunst[378] so viel höher springe, als tieffer sie gegründet sey, also noch vielmehr die Wasser des Lebens[379] so viel höher stiegen, als tieffer ihr Grund geleget würde.

Und, da die, so ietzo gegenwärtig wären, ihm auch theils von GOtt geschencket, theils durch ihn mit gestärcket worden; so möchte doch GOtt einen ieden besonders segnen; da er denn dessen gewiß sey, daß er sie vor dem Thron GOttes wieder sehen würde, und er von allen, die gegenwärtig wären, würde sagen können: HERR, hier bin ich, und die Kinder, die du mir gegeben hast.[380] Der Heyland sagte: Was ihr den Vater, in meinem Nahmen, bitten werdet; das will ich thun;[381] und weiter: Vater, ich weiß, daß du mich allezeit erhörest. Und, da nun dieses auch, in dem Nahmen Christi, gebeten worden; so wolte er auch glauben, daß es erhöret wäre, und sie wolten, im Glauben, nehmen, was sie gebeten hätten; denn wer glaube, der habe es.

Am folgenden Sonntage Exaudi, war der 25. Maij, ließ er Ihm[382] früh das Lied vorsingen: *Nur frisch hinein! es wird so tieff nicht seyn.*[383] Worauf Er, nach der Mittags=Mahlzeit,[384] * [<Fußnote:> * vid.[385] Hrn. Past.

---

377 U[nd] d[er] gl[eichen]. – Vgl. Joh 17,5 f.
378 Springbrunnen.
379 Joh 14,13.
380 Joh 11,42.
381 Vgl. Mt 21,22.
382 Sich.
383 Lied von Michael Kongehl (1646–1710); zuerst in: Der Geistlichen Erquick=Stunden [...] Poetischer Andachts= Klang [...], Nürnberg 1673; auch in: J. A. Freylinghausen: Geist= reiches Gesang=Buch / Den Kern Alter und Neuer Lieder / [...] in sich haltend, Halle ¹³1713, Nr. 408 (S. 633–635).
384 In den *Personalia* der Leichenpredigt (S. 25 oben) steht: „des Abends".
385 Vid[e]: siehe.

Freylinghausens Extract aus den Personalien.[386] mit
der sehr schmertzhafften Kranckheit aufs neue über-
fallen wurde: da Er denn, bald im Anfang derselben, den
himmlischen Vater gar hertzlich gebeten, Er möchte
5 ihn doch lehren, nicht nur thun, sondern auch leiden,
nach seinem Wohlgefallen,[387] damit er niemalen, mit ei-
nigem Worte, oder einiger Mine, ärgerlich sey; ja, Er
möge vielmehr, wie Er ja alles segnen könne, auch jetzo
alles Verhalten zu anderer Erbauung gedeyhen las-
10 sen.[388]

Nachdem Er nun diese gantze Woche hindurch vieles
ausgestanden, und am Ende derselben, als den 31sten
besagten Monats, die Schmertzen sehr zunahmen; er-
theilte Er den lieben Seinigen, und auch einigen an-
15 dern, den Segen, und zeigte, unter andern, diesen
Grund seines Trostes an: *Alle, die in den Himmel aufgenommen würden, könten sagen, daß sie aus grossen
Trübsalen kämen.*[389] *Wenn nun Er auch im Himmel an-
käme, möchte Ihn der HErr JEsus fragen: Wo bist du
20 denn herkommen? so würde Er denn nun antworten
können: Ich habe zwar wenig gelitten, aber, in den letzten Tagen meines Lebens habe ich manche Trübsal erfahren, und gehöre also auch unter diejenigen, welche
aus grossen Trübsalen kommen. Es wäre eine grosse
25 Schande, wenn es hiesse: Diese sind mit Gemächlichkeit
aus der Welt gegangen. Es bliebe dabey: Wir müssen,
durch viel Trübsal, in das Reich GOttes gehen.*[390] Er
wandte sich zu GOtt, und sagte: *Ach! meine Schwachheit ist groß; unterstütze mich doch, mein Vater.*

---

386 *Personalia:* Die Angabe „nach der Mittags=Mahlzeit" ist Korrektur nach
der Predigt (s. S. 151) Freylinghausens, S. 79 (S. 69–82: „Anhang Eines
Extracts aus den Personalien des sel. Herrn Prof. Franckens.").
387 Vgl. Ps 143,10.
388 Gal 5,22.
389 Vgl. Apk 7,14.
390 Apg 14,22.

Am 1sten Junii, war der erste Pfingst=Tag, redete Er, bey Empfindung der grossen Hitze, dieses: *Wenn ich werde recht gesund seyn, das ist, wenn ich von den Todten werde auferwecket seyn, so wird mich die Hitze nicht mehr drücken.* Da die Kranckheit im Zunehmen war, sprach Er: *Du lieber Vater, wir wollen bey dir bleiben, bis du uns gnädig wirst.* Gegen Abend erwachte Er, aus einem matten Schlaf, mit diesen Worten: *Ach! mein Heyland, HErr JEsu, wie wird mir doch zu muthe seyn, und wie werde ich mich freuen, wenn ich dich zum ersten mal von Angesicht zu Angesicht schauen werde!*[391] Er betete ferner: *Liebster Heyland, ich dancke dir, für deine grosse Liebe, damit du mich geliebet hast, als ich noch dein Feind war,*[392] *und daß du mir bisher so viel Gutes erzeiget hast. Auch an diesem Tage, hast du mir, an Leib und Seel, Gutes gethan. Ich bitte dich, du wollest mir, nebst der künfftigen ewigen Ruhe, auch einige leibliche Ruhe, in dieser Nacht, schencken. Du zwar solt allein die Ruhe meiner Seelen*[393] *bleiben; ja ich habe die Verheissung, einzugehen in deine Ruhe,*[394] *welche ewig dauren soll.* Er fügte ferner hinzu: *Lob und Danck sey dir, lieber Heyland, daß du mir armen Schaaf nicht nur Leben, sondern auch volle Gnüge*[395] *gegeben. Du lieber Heyland! wenn du etwas giebest, so haben wir etwas; giebst du aber nichts, so haben wir nichts.*

Und, auf diese Weise, hat sich, seine gantze Kranckheit hindurch, sein Hertz beständig zu GOTT erhoben,[396] und sich in dessen genauen Umgang erhalten. In

---

391 1Kor 13,12.
392 Röm 5,10.
393 Vgl. Mt 11,29.
394 Hebr 4,1.10f.
395 Joh 10,10.
396 Vgl. die liturgische Formel des „sursum corda" (Die Herzen in die Höhe!) in der Messliturgie.

dieser Nacht, betete Er einmal, fast eine halbe Stunde, ununterbrochen, sehr innig und hertzlich; welches Gebet dieses Inhalts war: *Ich lobe dich dann, lieber HErr JEsu, daß du mich von allen meinen Sünden gereiniget,*
5 *mich zum Könige und Priester gemacht,*[397] *vor deinem Vater, und mir die Menge aller meiner Sünden vergeben. Gelobet und gepriesen seyst du, daß du mich in meinem gantzen Leben, mit Mutter=Händen geleitet,*[398] *und, nach deiner grossen Herunterlassung,*[399] *mit vielem Leiden*
10 *verschonet hast. Ach! vergieb es mir doch, mein Hertzens=Heyland,*[400] *wo, in dieser meiner schmertzlichen Kranckheit, mein menschlicher Wille deinem Göttlichen Willen sich, aus Schwachheit, nicht so mit Freuden unterwerfen können: und regiere mich mit deinem Heiligen*
15 *Geist,*[401] *und laß mir deine Göttliche Krafft beystehen, bis an mein letztes Ende. Ach! ich weiß, du bist treu,*[402] *treu, treu; du wirst mich nicht verlassen, noch versäumen:*[403] *du wirst meinen Leib der Niedrigkeit*[404] *wieder verklärt und verherrlichet, aus dem Staube hervor bringen; und*
20 *ich werde, vor deinem Angesicht, dargestellet werden,*[405] *in Freuden. Wie wird mir da seyn, wenn ich dein holdes Angesicht, zum ersten mal, sehen werde!*

Hierauf befahl Er GOtt die Glauchischen Anstalten, mit diesen Worten: *Wie sie auf dich, den lebendigen*
25 *GOTT, gegründet, und fortgesetzet sind; also laß deine rechte Hand dieselbe ferner erhalten. Laß meine Arbeit,*

---

397 Apk 1,5 f.
398 Vgl. das Lied „Sei Lob und Ehr dem höchsten Gut" (1675) von Johann Jacob Schütz (EG 326,5): „Mit Mutterhänden leitet er [...]".
399 Gnadenerweis.
400 Mytisch-pietistische Vorstellung von Christus, der im Inneren des Menschen (Herzen) wohnt und wirkt.
401 Vgl. Gal 5,18.
402 Vgl. 2Thess 3,3; Hebr 3,2 u.ö.
403 Hebr 13,5; vgl. Jos 1,5.
404 Vgl. Phil 3,21.
405 Vgl. 2Kor 4,14; Kol 1,22.

die in dir geschehen, nicht vergehen, sondern ihre Frucht bleiben,[406] *bis ans Ende der Welt.*[407] *Ach! HErr JEsu, ich befehle dir meine Seele zu treuen Händen.*[408] *Amen! Amen! Amen! Hallelujah!*

Am 2. Junii, als den andern Pfingst=Tag, erzehlete Er, zum Lobe GOttes, was, bey seiner Bekehrung, A. 1687. in seiner Seele, vorgegangen, und wie Er damals zu Gott gesagt: *Lieber Vater, ist das die Milch, die du deinen neugebohrnen Kindern*[409] *zu trincken giebst? Von derselben Zeit an, sey die Gnade GOttes beständig über Ihm geblieben, unter so vielen Mängeln und Gebrechen.* Darauf Er denn auch gesprochen:[410] *Das ist eine grosse Gnade Gottes, daß mir, bey meinem Schmertzen, noch so viel schöne Sprüche vom Leiden Christi beyfallen.*[411]

It.[412] da die Angst sehr zunahm, wendete Er sich, im Gebet, zu seinem Erlöser: *HErr JEsu! besänftige doch mein Gemüth und Geblüt, und gieb mir die schöne Pfingst=Gabe, deinen stillen und sanften Geist, der dir so wohl gefällt.*

Freytags, den 6ten Junii, frühe, sprach Er: *Es gehet auf des Creutzes Strasse, zur Herrlichkeit; darum habe ich den Kelch gern angenommen;*[413] *aber die Gottlosen werden die Hefen aussauffen.*[414] Er ließ auch das von Ihm selbst ehemals verfertigte Lied[415] singen: *GOtt Lob, ein Schritt zur Ewigkeit ist abermals vollendet.* Im Gebet sagte Er einsmals: *Mein treuer Heyland, ich habe mich dir mit Leib und Seel ergeben; dabey bleibts!*

---

406 Joh 15,16.
407 Mt 28,20.
408 Ps 31,6; vgl. Lk 23,46.
409 Vgl. 1Kor 3,1 f.; vgl. S. 57, Z. 1 f.
410 In den *Personalia* der Leichenpredigt heißt es (S. 26 Mitte): „Mittwochs, als den 4ten Junii sprach Er“.
411 Einfallen, in den Sinn kommen.
412 It[em]: ebenso.
413 Vgl. Mt 26,39 par.
414 Ps 75,9.
415 S. Freylinghausen: Gesang=Buch (s. Anm. 383), Nr. 346 (S. 532–534).

Nachmittags, um 2. Uhr, wurde Er gefragt: Ob sich kein Schlaf finden wolle? Worauf Er antwortete: *Nein, mein Vater hat den noch aufgehoben; Er wird ihn schon noch geben.* Er gedachte auch offt an seinen mitleidigen

5 Hohenpriester.[416] An einem andern Tage sagte Er: *Ich bin wie ein Würmchen,*[417] *das zufrieden seyn muß, wenn es von seinem Schöpffer nicht zerquetschet wird.*

Den 8ten Junii, Festo Trinitatis, welches der letzte Tag seines Lebens war, da frühe sein Herr Schwie-

10 ger=Sohn, Herr Pastor Freylinghausen, zu Ihm kam, reichte der Selige ihm die Hand, und sagte: *Ich liege nun in äusserster Schwachheit.* Jener antwortete: Da Er so manchen Schwachen mit den Worten getröstet hätte: Ich will dich nicht verlassen noch versäumen; so

15 möchte Ihn doch der HErr auch damit trösten, und an Ihm erfüllen die Worte des Ps. 71,18. Auch verlaß mich nicht, GOTT, im Alter, wenn ich grau werde; und ferner des v. 20. Du lässest mich erfahren viele und grosse Angst, und machest mich wieder lebendig, und holest

20 mich wieder aus der Tieffe der Erden herauf. Darauf sprach der Herr Professor: *Das thue doch das fromme Hertz;* und setzte hinzu: *Ich will mich nun ein wenig in mir selbst recolligiren.*[418]

Um 8. Uhr sagte Er: *Ich wolte nun gerne ein wenig*

25 *frey seyn; Ach! ich bete ja. Ach! HErr, lehre mich thun nach deinem Wohlgefallen,*[419] *daß ich ne transversum unguem davon discedire,*[420] (oder keinen Nagel breit davon abweiche.) Darauf fragte Er: *Was ist nun weiter zu thun?* und antwortete Ihm selbst: *Ich trete auf meine*

30 *Beine, und warte, wie es weiter gehen wird, und lobe:*

---

416 Hebr 4,15.
417 Vgl. Jes 41,14; Ps 22,7.
418 Sich fassen, wieder Mut bekommen; auch mystischer Begriff für das innere Einkehren.
419 Ps 143,10.
420 Antike Redewendung.

(die folgenden Worte aber konte man nicht vernehmen.)
Ferner seuffzete Er: *Ach! der HErr regiere mich!* Und
dann sagte Er: *Wir wollen den HERRN anschreyen, daß
ers mache, wie es ihm gefällig ist, und mich regiere, daß
ich gelassen sey, in allem, wie es ihm gefällig ist. Ich su-* 5
che mich indessen den Gesetzen des Kampffes gemäß zu
halten.

Zwischen 8. und 9. Uhr erwachte Er, mit diesen Worten: *Mein lieber Vater!* und sagte zu dem, der Ihm an
Hand gieng: *Ich will, in GOttes Nahmen, so fortfahren,* 10
das zu verbeissen,[421] *was mir beschwerlich ist.* Auf eines
andern Nachfrage, gab der selige Mann zur Antwort:
GOtt wird ferner helffen, meine Seele hat sich gefas-
set,[422] *in ihm.* Und denn brach Er in diese Worte aus:
HErr, ich warte auf dein Heyl.[423] Welche Worte Er auch 15
sonst, in seiner Kranckheit, fast unzehlich mal, theils
Hebräisch, theils Teutsch, angeführet hat.

Nach 9. Uhr wurde Er gefragt: Ob er etwas verlange?
Er antwortete: *Nein, ich liege unter der Geduld, darin-*
nen mich der HERR stärcken wolle. Auf weitere Befra- 20
gung: Ob Er wieder Schmertzen empfände? war seine
Antwort: *Ja, der HErr helffe sie, durch seine Krafft,*
überwinden.

Nach 11. Uhr redete Ihn einer seiner Herren Collegen mit folgenden Worten, aus Esa. 43,1.[424] genom- 25
men, an: Fürchte dich nicht, denn ich habe dich erlöset,
ich habe dich bey deinem Nahmen gerufen, du bist
mein, [etc.] mit angehängter Zueignung.[425] Dazu sprach
der Selige: *Das bestätige GOtt, durch seine über-*
schwengliche Krafft.[426] Als jener unsern sel. Herrn Pro- 30

---

421 Unterdrücken.
422 Vgl. Lk 21,19.
423 Gen 49,18; Ps 119,166.
424 Jes 43,1.
425 Anwendung auf Franckes Situation.
426 2Kor 4,7.

fessor darauf erinnerte, wie viel Gnade, Güte und Barmhertzigkeit GOtt, sein gantzes Leben hindurch, an Ihm bewiesen habe; antwortete dieser: *Gelobet sey GOTT!* Ein anderer seiner Herren Collegen wünschete,

5 daß an Ihm möge erfüllet werden, was im Ps. 23.[427] stehe; und bat sich des Seligen Segen aus. Welcher dann so gleich, mit aufgelegter Hand, sagte: *Nun, so seyen Sie denn gesegnet dem HErrn, immer und ewiglich!* gleichwie Er vorhin, mit eben diesem Wunsch, seine letzte

10 Lectionem paræneticam beschlossen hatte.

Hierauf ist Er immer matter und schwächer worden, und, nachdem er noch etwas mit einem hier angekommenen Freunde gesprochen, und auf die Frage seiner Frau Ehe=Liebsten: Sein Heyland würde Ihm doch

15 nahe seyn? mit diesen Worten, welche zugleich seine letzten gewesen, geantwortet: *Daran ist kein Zweifel;* ist Er in einen Schlummer gerathen, und darinn, unter dem Gebet und Gesang der Seinigen, und anderer anwesenden Christlichen Freunde, drey Viertel auf

20 10. Uhr des Nachts, im HERRN, sanft und selig verschieden, also dem Hochzeits=Tag des Lammes[428] näher gekommen, nach welchem Er sich so viele Jahre hertzlich gesehnet, wie Sein schönes Braut=Lied: GOtt Lob, ein Schritt zur Ewigkeit[429] [etc.] besaget, und Er

25 solches selbst ehemals Seinen Erfurtischen Freunden, in der Zuschrifft Seiner *Schrifftmäßigen Anweisung* recht - - zu beten,[430] eröffnet und versichert hat, nach-

---

427 Ps 23: Der Herr ist mein Hirte.
428 Vgl. Apk 19,7; pietistischer Topos für die eschatologische Vollendung.
429 S. Freylinghausen: Gesang=Buch (S. Anm. 383), Nr. 346 (S. 532–534) (s. o.).
430 A. H. Francke: Schrifftmäßige Anweisung Recht und GOTT wohlgefällig Zu Beten / Nebst Einer Anfrage An die Hochlöbl. Theol. Facult. Zu Kiel Und deren Responso, Die Gewißheit und Versicherung der Erhörung des Gebets betreffend. Andere Edition. Cum Privilegio, Halle: Waisenhaus 1703 (1. Ausgabe Halle: Johann Jacob Schutze 1695; vgl. August Hermann Francke 1663–1727. Bibliographie seiner Schriften. Bearb. von *Paul Raabe* und *Almut Pfeiffer*, Tübingen 2001, Nr. C15.1–12). Die vom

dem Er sein zeitliches Leben gebracht auf 64. Jahr, 2. Monath und 3. Wochen.[431]

Sein Gedächtniß sey und bleibe im Seegen!

* *

*

Corrigenda: del. p. 3. 1[inea]. 19. & 20. besondern. & p. 32. lin.[432] 23. lege Tisch=Genossens pro[433] Hauß=Genossens.

Anzeige der vornehmsten[434] Schrifften des sel.
Herrn Prof. Franckens.[435]

In Quarto.		Anno
1.	Buß=Predigten 1. Theil. 1699. 2. Theil.	1705
2.	Zeugniß von dem Wercke, – u. Dienste Gottes	1702
3.	Sonn=Fest= und Apostel=Tags=Predigten	1703
4.	Gedächtniß= und Leichen=Predigten.	1722
5.	Sonn= und Festtags=Pred. welche theils in Halle, theils an auswärtigen Oertern gehalten.	1724

---

13. April 1695 datierende Zuschrift (S. 1–45) wird mit dem Gruß eröffnet: „Meinen ehemaligen Zuhörern und sonst lieben Freunden in der Stadt Erffurt / Welche das rechtschaffene Wesen / das in CHristo Jesu ist / erkennen und lieb haben / Wünsche ich vor GOTT dem Vater allen himmlischen Seegen in CHristo JEsu / durch die trostreiche Gemeinschafft des heiligen Geistes!" (Bl. Aʳ). S. 31 f. heißt es dann: „Zum achten / habe ich auch ein Morgen= und Abend=Gebet / und ein Braut=Lied (daraus Ihr sehen könnet / wie sich mein Hertz sehnet nach dem Hochzeit=Tag des Lammes / da ich mich mit Euch freuen werde) / hinzugefüget [...]"; das Lied folgt auf S. 319–322.

431 Die Angabe ist um ein paar Tage ungenau, auch bei der Umrechnung des Geburtstages von der Zählung Alten Stils (julianischer) in die Zählung Neuen Stils (gregorianischer Kalender)

432 Zu korrigierende Stellen. – Del[endum]: zu löschen. – P[agina]: Seite. – Lin[ea]: Zeile.

433 Lies ... anstelle von.

434 Wichtigste, bedeutendste.

435 Die nachfolgend aufgeführten Titel (mit teils falschen Jahresangaben) befinden sich alle in der Bibliothek der Franckeschen Stiftung in Halle (Saale). Vgl. August Hermann Francke 1663–1727. Bibliographie seiner Schriften. Bearb. von *Paul Raabe* und *Almut Pfeiffer,* Tübingen 2001, Nr. D1, A1, D4, D7, D8, D9; F27.32.33, B27, B32, C46, D5, B34, B36, B35, C52; B4, C8, C15, C13, C29, C36, C42, C48, D6.

6. Predigten über die Sonn= und Festtags=Episteln, nebst einer Vorrede vom erbaul. Predigen [etc.]1726

In Octavo.

In Duodec.

[kleine Schlussvignette]

Editorische Notiz zum *Lebenslauff*

Druckvorlage

August Hermann Franckes *Lebenslauff* ist in sauberer Schrift von Franckes Hand mit einigen eigenen Zusätzen und Veränderungen im Archiv der Franckeschen Stiftungen (Hauptabteilung) in Halle/Saale (AFSt/H D 66, Bl. 202r–233v) erhalten. Es handelt sich um Franckes einzige (erhaltene) Niederschrift seines *Lebenslauffes,* in welchem er sein Leben bis zu seiner Bekehrung im Jahre 1687 beschreibt.

Die Handschrift besteht insgesamt aus 36 Quartblättern (20,5 cm x 16,5 cm), die jeweils halbseitig auf der Falzseite beschrieben sind, so dass am Außenrand reichlich Platz für Korrekturen und Ergänzungen blieb. Die Textänderungen deuten in der Art, wie sie aufeinander abgestimmt sind, darauf hin, dass der Text während der Niederschrift formuliert und verbessert, nachher aber nicht mehr überarbeitet wurde. Man kann auf Grund dieser Befunde annehmen, dass es sich bei dem Manuskript um Franckes erste Niederschrift handelt.

Die hier abgedruckte Überschrift (S. 7, Z. 1–6) stammt nicht von Francke, sondern von Kaspar Sagittarius (s. S. 138). Sie ist auf dem einen von zwei Fragmenten einer Seite erhalten, auf deren anderem Folgendes zu lesen ist:

Geschrieben Jena den 2

1694.

Nach einem Brief von Joachim Justus Breithaupt an Gotthilf August Francke vom 16. Februar 1729 (s. S. 140 f.) ist der Text wie folgt zu ergänzen:

Diesen Lebenslauff habe bittlich von Ihm erhalten, welcher noch bey meinem Leben, oder nach meinem Tode, wieder muß zugestellet werden.

Geschrieben Jena den 2. August.

1694. C. Sagittarius D.

Textgestalt

Der Text wird unter Wahrung des Vokal- und Konsonantenbestandes sowie der Satzzeichen ediert. Schreibeigentümlichkeiten der Handschrift, die keine lautliche, sondern nur eine graphische Unterscheidung intendieren (z. B. ÿ für y; eü für eu u. a.), werden nicht nachgebildet, wohl aber die im Lateinischen verwendeten ligierten Diphthonge æ und œ. Die bei einzelnen Seiten der Vorlage am Rande verlorengegangenen Buchstaben wurden stillschweigend wiederhergestellt, alle übrigen Eingriffe des Herausgebers in den Text stehen in spitzen Klammern.

Die Einteilung des in der Handschrift fortlaufenden Textes durch Absätze geschieht nach Sinnabschnitten durch den Herausgeber.

Die deutsche Schrift ist in lateinische Antiqua überführt. Dadurch entfällt in der vorliegenden Ausgabe die Unterscheidung der in der Handschrift selbst nicht konsequent durchgeführten Schreibung deutscher Wörter in deutscher, lateinischer Wörter in lateinischer Schrift.

Unterstreichungen in der Vorlage sind immer *kursiv* wiedergegeben, Hervorhebungen durch vergrößerte Kleinbuchstaben als KAPITÄLCHEN.

Die unregelmäßig vorkommende Großschreibung am Wortanfang wird übernommen, sofern die Handschrift eindeutig ist. In allen zweifelhaften Fällen wird die generell von Francke angewandte Kleinschreibung bevorzugt. Am Satzanfang wird immer mit Großbuchstaben begonnen.

Herkömmliche Kürzel oder Ligaturen werden (mit Ausnahme des noch heute üblichen &) grundsätzlich im Text aufgelöst, Abkürzungen in den Fußnoten. Ausnahmsweise wird der Edition des *Lebenslauffes* wegen seiner herausragenden Bedeutung für die Geschichte Franckes und des Pietismus ein textkritischer Apparat beigegeben, mit dessen Hilfe die Entstehung des Textes rekonstruiert werden kann und der die von Francke wieder verworfenen Formulierungen dokumentiert.

Überlieferungsgeschichte

Der vollständige *Lebenslauff* wurde erstmals in der zweiten Hälfte des 19. Jahrhunderts herausgegeben, und zwar von Gustav Kramer. Dieser hatte zunächst 1859 in der *Nachricht über das Königliche Pädagogium zu Halle. 24. Fortsetzung, Halle 1859* seine ersten *Beiträge zur Geschichte August Hermann Francke's* veröffentlicht, darunter (S. 5–21) „eine in alter Zeit, wahrscheinlich bald nach dem Tode Francke's in das Lateinische übersetzte Selbstbiographie desselben, die leider nur bis zum Jahre 1687 reicht; sie schließt mit der Erzählung seiner zu Lüneburg erfolgten Bekehrung". Kramers Meinung, die lateinische Übersetzung stamme von Christian Jakob Koitzsch (1671–1735), der von 1700–1705 Inspektor des königlichen Pädagogiums in Halle und anschließend bis zu seinem Tod Rektor des Gymnasiums zu Elbing (Ostpreußen) war, ist doch eher unwahrscheinlich, wenn die Übersetzung erst nach Franckes Tod angefertigt wurde.

Wer immer der Übersetzer war, die Initiative zur Übersetzung[1] geht sicher auf Gotthilf August Francke

---

1   AFSt/W V/ – / 20 („Vita B. Augusti Hermanni Franckii").

zurück, der den lateinischen *Lebenslauff,* zusammen mit einem Auszug aus der lateinischen Gedächtnisrede (Bl. A3ᵃ –C1ᵃ) von Michael Alberti (s. Quellen und Literatur, 1) und einer ebenfalls eigens angefertigten Übersetzung des letzten Teils der *Personalia* (S. 115, Z. 1 – S. 132, Z. 31), an Samuel Mather (1706–1785) in Boston (Neuengland) sandte. Die Übersetzung in die damalige Gelehrtensprache Latein diente also dazu, Franckes Lebensgeschichte einem internationalen Publikum bekannt zu machen. Mather wagte es nach eigenen Worten nicht, die ihm übersandte Lebensgeschichte des von so vielen verehrten August Hermann Francke in den eigenen vier Wänden zu behalten, sondern gab sie 1733 im Druck heraus (s. Quellen und Literatur, 2).[2]

Das Manuskript des der Übersetzung zugrundeliegenden Originals konnte Kramer erst zwei Jahre später zum ersten Mal veröffentlichen, in seinem Buch *Beiträge zur Geschichte August Hermann Franckes enthaltend den Briefwechsel Francke's und Spener's, Halle 1861* (S. 28–55) und dann noch einmal in der Biographie *August Hermann Francke. Ein Lebensbild.* Bd. 1–2, Halle 1880–1882 (I, S. 5–36).

Lange Zeit wurde der *Lebenslauff* nach Kramers Ausgaben zitiert; Auswahlausgaben boten aus ihm meist nur den engeren Bekehrungsbericht, der sich an die Darlegung der Molinos-Übersetzung anschließt (S. 43, Z. 12 – S. 59, Z. 16).

Eine Ausgabe des *Lebenslauffes,* die historisch-kritischen Anforderungen gerecht wurde, besorgte zuerst Erhard Peschke in seiner Edition *August Hermann Francke: Werke in Auswahl, Berlin 1969* (S. 5–29). Seitdem folgen die Nachdrucke meist dieser Textgrundlage.

---

2   S. Mather an G. A. Francke, Boston, den 10. Juni 1733 (AFSt/H D 121: 6c).

Die Ausgabe von Peschke wurde für die vorliegende Edition dankbar herangezogen. Der Text wurde allerdings von mir neu mit dem Manuskript verglichen und wird mit wenigen kleineren Änderungen präsentiert. Auch Peschkes umfangreicher Kommentar wurde benutzt, seine Angaben wurden weitgehend, aber nicht ungeprüft übernommen.

Für die Abfassungszeit des *Lebenslauffes* ergibt sich als frühester Zeitpunkt der Tag der Promotion von Paul Anton zum Lizentiaten der Theologie (Lic. theol.) am 18. September 1690 (s. S. 31, Z. 4) und als spätester Zeitpunkt die erste Erwähnung des *Lebenslauffes* in einem Brief Franckes an Spener vom 15. März 1692 (s. S. 145 f.). Wahrscheinlich ist der *Lebenslauff* spätestens im 1. Quartal des Jahres 1691 geschrieben. Denn von dem am 30. Juli 1691 in Lübeck erfolgten Tod Daniel Georg Morhofs wusste Francke bei der Niederschrift offenbar noch nichts, sonst hätte er ihn als seinen Lehrer vermutlich wie seinen am 22. Januar 1690 verstorbenen Onkel Anton Heinrich Gloxin ebenfalls durch ein „S[eligen] A[ngedenkens]" (vgl. S. 17, Z. 19) geehrt. Auch der zwischen dem 31. März (Entlassung) und 14. Juni (Amtsantritt) 1691 stattfindende Wechsel Philipp Jacob Speners von Dresden nach Berlin ist offenbar noch nicht erfolgt. Andernfalls wäre zu erwarten, dass Francke wie bei Sandhagen (s. S. 49, Z. 9 f.) auch Speners neues Amt (S. 33 Z. 9 f.) genannt hätte. Daraus lässt sich schließen, dass Francke seinen *Lebenslauff* irgendwann in dem Zeitraum vom Oktober 1690 bis zum März 1691 geschrieben hat, also einige Monate nach dem Antritt seines ersten kirchlichen Amtes in Erfurt (Juni 1690 bis 27. September 1691).

Herbert Stahl hat in seiner Untersuchung *August Hermann Francke. Der Einfluss Luthers und Molinos' auf ihn, Stuttgart 1939* die Niederschrift auf Grund von nicht vorgelegten Studien zur Entwicklung von

Franckes Handschrift auf die Zeit nicht vor Oktober 1690 und nicht nach Juli 1691 datieren wollen (S. 3 f.). Damit kommt Stahl für den Abfassungszeitraum auf nahezu denselben Zeitraum, wie er mittels äußerer Daten eingegrenzt werden kann. Auf Grund des Vergleichs mit Briefen Franckes vom 18. Dezember 1690 und 8. Januar 1691 meint Stahl den Zeitraum noch enger fassen zu können, indem er den Beginn der Niederschrift für die Zeit ab Dezember 1690 für möglich oder sogar für wahrscheinlich hält. Den Beweis, dass sich die Entwicklung der Handschrift Franckes, die ja auch von äußeren Umständen abhängt, chronologisch präzise erfassen lässt, bleibt Stahl allerdings schuldig.

Die Geschichte des hier zum Abdruck kommenden Manuskripts des vollständigen und eigenhändigen *Lebenslauffes* ist bemerkenswert. Francke muss es Anfang der Neunziger Jahre (1692/93)[3] seinem Freunde Kaspar Sagittarius (1643–1694), Professor für Geschichte in Jena, zur Verfügung gestellt haben. Nach dessen Tode am 9. März 1694[4] hat der Verwalter seines wissenschaftlichen Nachlasses, der spätere Helmstedter Professor der Kirchengeschichte Johann Andreas Schmidt (1652–1726),[5] das Manuskript erhalten.

Nach dessen Tod im Jahre 1726 sollte es mit dem Nachlass Schmidts[6] in Helmstedt versteigert werden, wurde jedoch im Februar 1729 vor der Auktion von Joa-

---

3 Nämlich nach dem Schreiben Franckes an Philipp Jacob Spener, Halle, den 22. März 1692 (s. S. 145 f.).

4 Johann Kaspar Zeumer: Vitae Professorum ... qui in illustri Academia Ienensi ... vivunt, Jena 1711, Classis IV, S. [152–172] 161.

5 Geb. in Worms, 1683 Professor für Logik und Metaphysik in Jena, seit 1695 Professor für Kirchengeschichte in Helmstedt, gest. am 12. Juni 1726; er war zugleich Abt des evangelischen Klosters Marienthal.

6 Vgl. Catalogus bibliothecae Scmidianae, exhibens apparatum librorum historicorum, juridicorum, theologicorum, philosophicorum, et miscellaneorum ... Jo. Andr. Schmidii, ... qui Helmstadii d. XVII. Julii & sqq. ... MDCCXXX ... distrahentur, Helmstädt: Schnorr 1730.

chim Justus Breithaupt (1658–1732), dem frühen Weggefährten August Hermann Franckes, für die Franckeschen Anstalten zurückgekauft. So stellt sich die Geschichte des heute in Halle befindlichen Manuskriptes jedenfalls aus der erhaltenen und rekonstruierten Umschlagaufschrift (s. S. 133), aus einzelnen Notizen[7] sowie aus brieflichen Zeugnissen dar.

Breithaupt teilte nämlich Franckes Sohn Gotthilf August am 9. Februar 1729[8] mit: „Da gestern anhero gekommen, vernehme, dass zu Helmstedt bey der ietzigen Auction, die aus den Bibliotheken des Sel. Herrn Abts Schmidt und Sel. Herrn D. Leyseri[9] Polyhistoris angestellt wird, ein Mscr. a Tuo Beatiss. Parente olim B. D. Sagittario communicatum, quo Dn. Parens Tuus curriculum Vitae suae complexus sit [ein Manuskript, das von Deinem allerseligsten Vater einst dem seligen Sagittarius übergeben worden ist, in welchem Dein Herr Vater seinen Lebenslauf zusammengefasst hat], zu finden sey; und zwar mit dem Umbstande, dass die Haeredes [Erben] solches mit verauctioniren lassen wollen, da doch einige bedenckliche relationes [Berichte] sollen darinnen vorkommen, welche malevoli [Böswillige] mißbrauchen könten. Abbas Schmidius hat es von D. Sagittario, post mortem huius [nach dessen Tod], an sich behalten: da doch mit Sagittarii Hand mag darauff geschrieben zu lesen sein, Er habe es a Franckio [von Francke] bittlich erhalten und müßte es an denselben

---

7 S. z. B. den Eintrag auf dem mit dem Lebenslauf nicht sicher zusammengehörenden Einband (AFSt/H D 66, Bl. 202v): „ist per ven. Dn. D. Breithaupt Abb. Berg, aus des Helmstädtischen Abbt Schmidts auction erkauft worden. 1729 Febr." oder die Notiz auf einem Zettelchen (8,5 x 4,2 cm) von Gotthilf August Francke, das in dem Sammelband D 74 auf der 1. Seite aufgeklebt ist: „Habe es aus des see. Abtt Schmidts auction zu Helmstedt bekommen. 1729. m. Mart, es rühret von Sagittario her".

8 AFSt/H C 496: 3.

9 Polykarp Leyser (IV.) (1690–7.4.1728), Professor der Geschichte und Poesie in Helmstedt, ein Schwiegersohn Schmidts.

restituirt [zurückgegeben] werden, ipso (Sagittario) adhuc vivente aut mortuo [solange er, Sagittarius, lebe, oder nach seinem Tod]. Dannenhero umb so vielmehr erhellet, dass jene Haeredes Bibliothecarum kein jus proprietatis [Eigentumsrecht] daran haben, sondern sich schuldig müßen halten, retentum hoc alienum also zu restituiren, et quodem Tibi tanquam Haeredi proximo [das zurückgehaltene fremde Eigentum zurückzugeben, und zwar Dir als dem Nächsten in der Erbfolge], wie die Sagittaranische Schrifft es erfordert." Er schlägt ihm daher vor, sich an die Witwe des Abtes Schmidt zu wenden und „allem Unheyl vorzukommen" zugleich einen Kaufpreis zu versprechen, obwohl dies unter den gegebenen Umständen eigentlich nicht nötig sei (S. [1 f.]).

Fünf Tage später, am 14. Februar 1729, berichtete Breithaupt wieder an Gotthilf August Francke:[10] „Venerando Dno. Decano Franckio notificire [dem geehrten Herrn Dekan Francke berichte ich] sonderlich [...] dass nun nicht nöhtig sey, des MSCi [des Manuskripts] halber gen Helmstedt zuschreiben; weil ichs habe, propter periculum Auctionis in mora, schon redimiren [wegen bei Zögern drohender Versteigerung schon zurückkaufen] laßen, und es hoffentlich werde können [nämlich mit der am folgenden Donnerstag abgehenden Post] mitschicken."

Am 16. Februar 1729[11] endlich übersandte Breithaupt das Manuskript: „Hiebey kompt zuerst das unter so bedencklichen Listen lange entfernt=gewesene Mscrt, ohnzweiffel aber zum zeugniß über einige, die es nöthig gehabt. Daß es mit Gelde hat müßen redimirt [zurückgekauft] werden, entschuldiget man damit, weil

---

10   AFSt/H C 496: 3a.
11   AFSt/H C 496: 5.

die Bibliothec nicht mehr in der Fr. Witwen freyen Macht, sondern ein Concursus Creditorum [Konkurs der Gläubiger] entstanden sey: [...] Zur Nachricht habe auch zumelden, dass ehe die redemtio [der Verkauf] geschehen, unter der noch zu lesenden Hand des Sel. Sagittarii das erste Blatt verletzet, und soviel ausgeschnitten sey, da, wie man mich berichtet, folgende Worte gestanden: Diesen Lebenslauff habe bittlich von Ihm erhalten, welcher noch bey meinem Leben, oder nach meinem Tode, wieder muß zugestellet werden. Geschrieben Jena den 2. August. 1694. C. Sagittarius D."[12]

Das einzige bekannte und heute in Halle befindliche Manuskript von Franckes *Lebenslauff* war demnach mindestens von 1694 bis 1729 weder publiziert noch in Halle vorfindlich.[13] Daher erklärt sich auch, warum der alte Francke bei der Zusammenstellung seiner *Lebensnachrichten*[14] (ca. 1724) offenbar nicht auf seinen *Lebenslauff* zurückgreifen konnte.

Allerdings befand sich in Halle noch vor dem Rückkauf des *Lebenslauffes* der engere *Bekehrungsbericht,* der einen Auszug aus dem *Lebenslauff* (s. S. 135 f.) darstellt.

Denn August Hermann Francke kündigt in einem Entwurf eines Briefes an Herzog Karl Leopold von Mecklenburg-Schwerin (1678–1747) an, er schicke ihm,

---

12   Das hier genannte Datum lässt sich nicht mit dem Todesdatum von Sagittarius (s. S. 138) in Einklang bringen; vermutlich handelt es sich um einen Lesefehler für „2. März".
13   Die in AFSt/H unter der Sign. A 139, Bl. 391–408 aufbewahrten „Ergänzungen zur Lebensgeschichte Franckes" stellen Zusätze zum Druck der *Personalia* der Leichenpredigt aus dem *Lebenslauff* dar, sind also erst nach Franckes Tod und nach dem Rückkauf des Manuskripts entstanden.
14   Die in mehreren Entwürfen vorliegenden *Lebensnachrichten* befinden sich in AFSt/H A 136, Bl. 1–58; unzureichend ediert bei *Gustav Kramer:* Beiträge zur Geschichte August Hermann Francke's enthaltend den Briefwechsel Francke's und Spener's, Halle 1861, S. 56–79.

um ihm seine Auffassung vom Wesen der Wiedergeburt glaubhaft zu machen, als Beilage „sub n. 3" „die Erzehlung von meiner eigenen Bekehrung, die ich zwar vorhin schon aufgeschrieben gehabt, aber vermeynet nach meinem Tode erst bekant werden zu laßen". In der auf den 13. April 1726 datierten Abfertigung des Briefes ist dieser Passus ebensowenig wie die Beilage enthalten.[15] Francke muss also anfangs der Meinung gewesen sein, dass er zumindest auf eine Abschrift des *Bekehrungsberichtes* zurückgreifen könne, scheint aber diese nicht gefunden zu haben.

Außerdem muss der *Bekehrungsbericht* Franckes Schwiegersohn, Johann Anastasius Freylinghausen (1670–1739), vorgelegen haben, bevor das Manuskript des *Lebenslauffes* nach Halle zurückkam. Denn er bietet eine eng an den Text angelehnte Paraphrase des *Bekehrungsberichtes* in der 3. Person schon in seiner Erinnerungspredigt an August Hermann Francke vom 24. Juni 1727, die unter dem Titel *Das Amt u. Wercke Johannis des Täufers* vor Mai 1728 erschien (s. Quellen und Literatur, 1). Die auf den Seiten 38–45 (vgl. S. 81, Z. 10 – S. 84, Z. 26) zu findenden wörtlichen Übereinstimmungen lassen sich nur erklären, wenn Freylinghausen zumindest den Bekehrungsbericht vor sich liegen hatte. Offen muss dabei bleiben, ob diese Paraphrase schon Teil der Predigt war oder erst beim Druck eingefügt wurde.

---

15   Entwurf in AFSt/H A 149:9; danach findet sich ein Auszug des Briefes abgedruckt in: Das Zeitalter des Pietismus. Hg. von *Martin Schmidt* und *Wilhelm Jannasch,* Bremen 1965 (Klassiker des Protestantismus, 6) (Nachdruck Wuppertal 1988), S. 81 f. Der abgegangene Brief befindet sich im Mecklenburgischen Landeshauptarchiv Schwerin, Bestand 2.12–3/4, Nr. 611; vgl. G. C. Friedrich Lisch: Graf Heinrich 24. Reuß zu Cöstritz und Herzog Carl Leopold von Mecklenburg-Schwerin, Schwerin 1849, S. 10–13.

Vor allem aber findet sich der *Bekehrungsbericht* in wörtlicher Wiedergabe in den handschriftlich überlieferten *Lectiones Paraeneticae* aus den Jahren 1727 von Franckes Sohn Gotthilf August. Dieser nutzte die in der Nachfolge seines Vaters nun von ihm gehaltenen erbaulichen Vorlesungen, um in Ergänzung zu den bei der Trauerfeier vorgelesenen *Personalia* über merkwürdige Lebensumstände seines Vaters zu berichten, die er teils aus Aufzeichnungen, teils aus Erzählungen seines Vaters kannte.[16] Sein Interesse ist dabei freilich kein historisches, sondern ein erbauliches. Die Lebensumstände werden nach der Maßgabe ausgewählt, ob sie der „Erweckung der Studiosorum Theologiae dienen könten", damit die Studenten die über Franckes Leben waltende Vorsehung Gottes erkennen und verehren lernen.[17]

In der letzten Vorlesung des Sommersemesters am 18. September 1727 teilt er dann mit: „Da mir aber heute eine Erzehlung davon in die Hände gekommen, die ich bereits lange gesucht habe, worinnen der selige Mann daßselbe [nämlich seine Bekehrung] selber aufgeschrieben schon vor mehreren Jahren, so will ich dieselbe nur vorlesen, u. nichts weiter hinzu thun, damit ich das übrige [nämlich die im Titel der Vorlesung an-

---

16   AFSt/H N 13, S. 423–1078. Die Erinnerungen sind sehr unzureichend mitgeteilt in: Georg Christian Knapp: Beyträge zur Lebensgeschichte Aug. Herrn. Franckens aus ungedruckten Nachrichten. In: Frankens Stiftungen Bd. 2 (1794), S. 416–451, darin auch Auszüge aus dem Bekehrungsbericht S. 422–426.426.427.427–429. – Die Mitteilungen Gotthilf August Franckes über seinen Vater in den *Lectiones Paraeneticae* sind der Forschung bislang nahezu unbekannt geblieben; selbst *Gustav Kramer* (Beiträge 1859 [Anm. 14], S. 2) blieben sie verborgen, da sie sich in einem Sammelband mit August Hermann Franckes *Lectiones Paraeneticae* befinden. – Ich möchte an dieser Stelle *Friedrich de Boor* in Halle/ Saale für die freundliche Erlaubnis zur Einsicht in ungedruckte Arbeiten danken, die meine Forschungen an einigen Stellen in wertvoller Weise ergänzen konnten, sowie für seine kritische Begleitung vorliegender Edition.
17   N 13, S. 492 (14. August 1727).

gekündigte „Anleitung, wie man dis semstre beschlie-
ßen, und auf das folgende sich praepariren solle"] noch
könne absolviren. Behalte mir aber vor, da er es noch
weitläuftiger aufgesezt hat, als dieses ist, solches nach
meiner Zurückkunfft auch zu communiciren, u. sodenn
die nöthigen observationes hinzu zu thun." Er beginnt
dann mit der Verlesung des *Bekehrungsberichtes* („Gegen das 24ste Jahr ..." s. S. 45, Z. 15), muss aber vor dem
Bericht über die Reise nach Lüneburg (S. 48, Z. 30) ab-
brechen.[18] Den vollständigen Text des *Bekehrungsberichtes* (S. 45, Z. 15 – S. 59, Z. 16) bietet Gotthilf August
Francke erst in der Vorlesung am 6. November 1727.[19]

Schließlich wurde der Bekehrungsbericht mit genau
demselben Umfang (S. 45, Z. 15 – S. 59, Z. 16), wie er
von Gotthilf August Francke vorgelesen wurde, bereits
im Jahre 1733 gedruckt, und zwar unter dem Titel *Des
seel. Herrn Professoris Franckens zu Halle Bekeh-
rungs=Historie. In: Altes und Neues aus dem Reich
Gottes* (s. Quellen und Literatur, 2).

Fragt man nach der Vorlage dieses Druckes, der auf
einer Abschrift aus Franckes eigenhändigem Schreiben
beruhen soll, so erscheint es ausgeschlossen, dass diese
Kopie einfach aus dem vollständigen *Lebenslauff*, wie er
heute im Archiv der Franckeschen Stiftungen überliefert ist, genommen wurde. Es wäre nicht verständlich,
warum Moser sich mit dem Bekehrungsbericht hätte
begnügen sollen, wenn ihm der ganze *Lebenslauff* zur
Verfügung gestanden hätte.

Da sich der Abdruck bei Moser im Umfang und in einer Reihe sprachlicher Varianten mit der in den *Lectiones Paraeneticae* Gotthilf August Franckes überliefer-

---

18 N 13, S. [739–786] 763. 763–770.
19 N 13, S. [827–858] 829–852.

ten Fassung deckt, liegt die Annahme nahe, dass Moser in den Besitz einer studentischen Mitschrift der *Lectiones Paraeneticae* Gotthilf August Franckes gekommen ist, die ihm als Vorlage für seinen Druck diente.

Darauf deutet auch ein Zusatz im Druck, der im Manuskript des *Lebenslauffes* fehlt. Denn die Benennung des „in der nähe wohnenden Superintend." (S. 52, Z. 25) mit „Herr Lic. Scharffen" im Druck (S. 63) ist wohl am einfachsten mit einer Vermittlung über die *Lectiones Paraeneticae* zu erklären. Darin ergänzt Gotthilf August Francke nämlich die betreffende Stelle des *Bekehrungsberichtes* mit der Parenthese: „das ist Herr Scharff gewesen der die Lünische Rechnung geschrieben hat".[20] Die vorgenannte Erstveröffentlichung des *Bekehrungsberichtes* durch Moser ist der Forschung bislang weitgehend unbekannt geblieben.[21]

In der Tat gibt es nun auch ein Zeugnis dafür, dass neben dem *Lebenslauff* der engere Bekehrungsbericht als Auszug aus dem *Lebenslauff* gesondert überliefert wurde.

Einen solchen Auszug übersandte Francke nämlich 1692 an Philipp Jacob Spener (1635–1705). Ihm schreibt Francke am 15. März 1692:[22] „Wegen des jüngst uns zugesandten Brieffes eines mit dem Atheismo luctirenden [ringenden] Menschen, sende hiebey den anfang und fortgang meiner Bekehrung, weil die

---

20 N 13, S. 841; der Wortlaut lehnt sich an die *Lebensnachrichten* an (*Kramer:* Beiträge 1861, S. 61 f.).

21 Ich danke *Hans-Jürgen Schrader* für die freundliche Mitteilung über diesen Druck; nachträglich sehe ich ihn auch benutzt bei *Jürgen Henningsen:* Leben entsteht aus Geschichten. Eine Studie zu August Hermann Francke. In: Zeitschrift für systematische Theologie und Religionsphilosophie 19 (1977), S. [261–283] 274 f.

22 *Kramer:* Beiträge 1861, [218–220] 219; Philipp Jakob Spener: Briefwechsel mit August Hermann Francke 1689–1704. Hg. von *Johannes Wallmann* und *Udo Sträter.* In Zusammenarbeit mit *Veronika Albrecht-Birkner,* Tübingen 2006, Brief Nr. 22.

Exempel mehr zu moviren [bewegen] pflegen, und gewiß eben dergleichen damahls in meinem Gemüth vorgegangen. Könte solches, so es rathsam befunden wird, quanquam nomine meo plane suppresso [obwohl mit vollständiger Unterdrückung meines Namens], communiciret w<e>rden." Im Postskript muss Francke dann aber melden: „Die copia von meinem Lebenslauff ist nicht gar fertig worden, soll nächstens nachkommen." Eine Woche später kann Francke dann schreiben, dass er nun den seine eigentliche Bekehrung betreffenden Auszug („Theil") aus seiner Lebensbeschreibung mitschickt:[23] „Ich habe aus versehen 2 stücke, davon im Brieffe [„für 8 Tagen"] Meldung gethan, auff dem Tische liegen laßen, neml. von dem, was in Erffurt passiret ist [nämlich die Berichte über ekstatische Erfahrungen und über die Pietisten in Erfurt], welche denn hiebey sende, und wieder zurückerwarte. So sende auch die copiam von einem Theil meines *Lebenslauffs* zu dem Ende, wie neulich gemeldet, doch nur so es von meinem theuresten Vater für diensam erkant wird."

Der Gotthilf August Francke vorliegende *Bekehrungsbericht* dürfte also aus dem handschriftlichen Nachlass Speners stammen, der vermutlich im Mai 1705 nach Halle gekommen ist.[24]

Die vorstehende Rekonstruktion der Überlieferungsgeschichte wirft die Frage auf, warum Francke das einzige Exemplar seines vollständigen *Lebenslauffes* aus der Hand gegeben hat, obwohl er leicht von

---

23 *Kramer:* Beiträge 1861, [223–224] 223; Philipp Jakob Spener: Briefwechsel mit August Hermann Francke 1689–1704. Hg. von *Johannes Wallmann* und *Udo Sträter.* In Zusammenarbeit mit *Veronika Albrecht-Birkner,* Tübingen 2006, Brief Nr. 24.

24 *Peter Schicketanz:* Carl Hildebrand von Cansteins Beziehungen zu Philipp Jacob Spener, Witten 1967 (AGP, 1), S. 85.

einem im Waisenhaus lebenden Studenten (Famulus) eine Kopie hätte anfertigen lassen können? War der *Lebenslauff* nur eine Gelegenheitsschrift, um deren Erhaltung man sich nicht sorgen müsste? Oder befürchtete Francke Indiskretionen durch einen Abschreiber?

Für die Wirkungsgeschichte bleibt festzuhalten, dass der handschriftlich überlieferte *Lebenslauff* literarisch keinen Einfluss auf die Zeit Franckes und die spätere Zeit ausgeübt hat. Genauere Zeugnisse über eine mündliche Verbreitung des *Lebenslauffes* oder des *Bekehrungsberichtes* wären erst noch einmal zusammenzustellen. Gleichwohl darf man damit rechnen, dass Francke seine Bekehrung gelegentlich in der einen oder anderen Weise erzählt hat. Es wäre interessant zu untersuchen, ob sich seine Darstellung dabei veränderte.[25]

Selbst der engere *Bekehrungsbericht* wurde erst nach dem Tode Franckes einem größeren Publikum mitgeteilt, lag in der oben genannten, von Freylinghausen gegebenen und in die *Kurtze Nachricht* übernommenen Kurzfassung (S. 81, Z. 10 – S. 84, Z. 26) zum ersten Mal in einem Druck vor und wurde vollständig erst durch Moser veröffentlicht.

---

25 S. S. 120, Z. 2–S. 121, Z.5; S. 127, Z. 5–11; vgl. das S. 141 f. genannte Schreiben und Franckes Brief an [Anton Heinrich Walbaum], 23. März 1727 (überliefert in: Theologia Pastoralis Practica, Oder: Sammlung Nützbarer Anweisungen zur gesegneten Führung des Evangelischen Lehr=Amts. 70. Stück, Magdeburg und Leipzig 1752, S. [832–847] 832–843; abgedr. bei G[eorg] C[hristian] Knapp: Auszug aus einem Briefe von A. H. Franke. In: Frankens Stiftungen 3 (1796), S. 54–63 – angeblich nach einem Druck aus Greiz 1747).

Editorische Notiz zur *Kurtzen Nachricht*

Druckvorlage

Die *Kurtze Nachricht von dem Lebens=Lauffe Franckes*[1] ist 1728, im Jahr nach Franckes Tod, in Büdingen im Druck erschienen. Verleger war vermutlich der auf dem Büchermarkt für pietistische und heterodoxe Drucke bekannte Johann Friedrich Regelein († 4. Mai 1733). Offenbar handelt es sich nicht um eine Auftragsarbeit seitens Franckes Erben in Halle, sondern um den Versuch des geschäftstüchtigen Verlegers, als erster eine umfassende Biographie August Hermann Franckes auf den pietistischen Büchermarkt zu werfen. Wer der Kompilator, nach eigenem Bekunden eine (ehemalige) Waise aus den Franckeschen Anstalten, war, ist nicht bekannt. Die Schrift erlebte keine weiteren Auflagen.

Textgestalt

Der Text der *Kurtzen Nachricht* wird unter Wahrung des Vokal- und Konsonantenbestandes (einschließlich der ligierten Diphthonge æ und œ) sowie der Satzzeichen ediert. Die deutsche Schrift ist wieder in lateinische Antiqua überführt, Hervorhebungen in der Vorlage, die als (nicht immer eindeutig festzustellender) Fettdruck, ganz selten auch als Kursive vorkommen, sind immer kursiv wiedergegeben. Lateinische Antiqua der Vorlage zur Kennzeichnung lateinischer oder romanischer Sprachformen wird nicht eigens ausgezeichnet.

---

1   Exemplar: Halle a. S., Bibliothek der Franckeschen Stiftung (130 E 14).

Stillschweigend korrigiert wurden um 180° gedrehte Buchstaben (u-n). Der vereinzelt vorkommende Ligaturstrich über m und n wird immer mit Konsonantenverdopplung aufgelöst. Ein Vokal mit überstehendem e wird als moderner Umlaut wiedergegeben. Da die deutsche (Druck-) Schrift kein großes J kennt, sondern dafür das deutsche I benutzt, wird dieses je nach Lautwert entweder als J oder I transkribiert. Ein großes Ü scheint dem Drucker auch nicht zur Verfügung gestanden zu haben; allerdings nutzt er auch nicht die Umschreibungsmöglichkeit mit Ue wie bei Ae für Ä. Das Zeichen ꝛc. wird mit [etc.] wiedergegeben.

Die Einteilung nach Absätzen wurde insofern beibehalten, als die stumpfen Absätze mit vorhergehender Leerzeile die Absätze der Vorlage wiedergeben. Die eingezogenen Absätze wurden vom Herausgeber zusätzlich nach Sinnabschnitten eingebracht. Meist entsprechen ihnen in der Vorlage größere Spatien innerhalb der Zeilen.

Nicht übernommen wurden von der Vorlage das Seitenlayout, die Seitenzählung (in der Vorlage als Kopfleiste), der Zeilenfall und die spärlichen Schmuckelemente.

Korrekturen und Ergänzungen des Herausgebers erscheinen in spitzer Klammer; die Begründung für den Eingriff erfolgt in den Fußnoten.

Überlieferungsgeschichte

Der Kompilator hat für seinen Druck drei Texte herangezogen:

1) Die *Personalia (curriculum vitae,* Lebenslauf), die Bestandteil der von Johann George Francke[2] am

---

2   Johann George Francke (1666–1747), königl.-preuß. Konsistorialrat, Inspektor des Saalkreises und Oberpfarrer an der Marienkirche in Halle a. S.

17. Juni 1727 in der Ulrichskirche gehaltenen und 1727 im halleschen Waisenhaus gedruckten Trauerpredigt (s. Quellen und Literatur, 1) sind (S. 18–27 u. [28]). Ein Exemplar befindet sich in einem in schwarzes Papier eingeschlagenen Folioband der Hauptbibliothek der Franckeschen Stiftungen.[3]

Diese *Personalia* wurden in den Franckeschen Anstalten, vermutlich unter der Anleitung von Franckes Schwiegersohn Johann Anastasius von Freylinghausen (1670–1739), zusammengestellt. Das Archiv der Franckeschen Stiftungen in Halle a. S. bewahrt noch die verschiedenen Fassungen mit Korrekturen[4] dieser *Personalia* auf. Sie bilden gewissermaßen die offiziöse Lebensbeschreibung Franckes und gehen ihrerseits auf Aufzeichnungen Franckes (*Lebensnachrichten;* s. S. 141, Anm. 14) selbst zurück. Die Nachricht enthält diese *Personalia* weitgehend wörtlich und nahezu vollständig, einschließlich des Schriftenverzeichnisses (S. [28]). Nur wenige Formulierungen wurden um des neuen Adressatenkreises willen verändert, meist nur leicht gekürzt, vor allem solche, die sich auf die konkrete Situation der Trauerfeier oder auf Halle bezogen. Die einzige größere Auslassung betrifft die in den *Personalia* (S. 22 oben) beschriebene Unterstützung des preußischen Königs für die Franckeschen Anstalten. Dafür wurde eine allgemeinere Aussage eingefügt (S. 94, Z. 13–21). Der Bericht von Franckes Ehestand (S. 92, Z. 10 ff.) (in den *Personalia* vor der Krankheitsgeschichte, S. 23) wurde umgestellt. Gelegentlich wurden schmückende Epitheta beigefügt. Abgesehen von den beiden folgenden Teilen

---

3   Sign.: 222 A 30; vgl. S. 70, Z. 9–13.
4   AFSt/H A 136; die Endfassung mit schwarzem Trauerrand steht auf Bl. [350; leer] 351–365 [366 f.; leer]; dazu noch Bl. 189 f. als Neuschrift für den stark veränderten Text Bl. 355b–357b, die aber im Druck nicht berücksichtigt wurde.

der Kompilation wurden auch einzelne Passagen, meist durch Klammer gekennzeichnet, eingefügt (z. B. S. 118, Z. 1–14).

2) Die am 25. Juni 1727 in Königsberg gehaltene Rede von Georg Friedrich Rogall (1700–1733), die unter dem Titel *Paraenesis publica, Oder Oeffentliche Erweckungs= Rede an die Studiosos Theol. auf der Königsbergischen Universität* in den *Epicedia* erschienen war (s. Quellen und Literatur, 1).[5] Der in der *Nachricht* (S. 99, Z. 22 – S. 114, Z. 30) abgedruckte Auszug steht auf den Seiten 188–192. Er wurde eingefügt für die *Präteritio* (vgl. S. 99, Z. 9–16) der *Personalia* (S. 22 f.).

3) Die oben (S. 142) genannte, Franckes Bekehrung betreffende Passage (S. 81, Z. 10 – S. 84, Z. 26) und weitere kleine Einschübe aus Freylinghausens Predigt *Das Amt u. Werck Johannis des Täufers* (s. Quellen und Literatur, 1), die in den Text der *Personalia* eingefügt wurden.

---

5   Nachdruck in: *Adolf Sellschopp:* Neue Quellen zur Geschichte August Hermann Franckes, Halle 1913, S. 145–163.

Nachwort

Vorliegendes Büchlein präsentiert zwei Lebensläufe von August Hermann Francke (1663–1727): den von ihm selbst im Alter von 27 Jahren niedergeschriebenen *Lebenslauff* und die anlässlich seines Todes verfasste und zusammengestellte *Kurtze Nachricht*.

Obwohl der *Lebenslauff* nur die Jahre 1663 bis 1687 umfasst, stellt er unter sachlichem Gesichtspunkt eine abgeschlossene Biographie dar. Francke beschreibt in ihm nämlich seinen geistlichen Weg von seiner mit leiblicher Geburt und Taufe gegebenen alten zu seiner durch Bekehrung und Wiedergeburt gewonnenen neuen Existenz. Mit dem Lüneburger Bekehrungserlebnis teilt sich für Francke sein Leben in einen abgeschlossenen und zurückgelassenen „Zustand", gekennzeichnet durch ein „vorhin [= vorher]" (z. B. S. 58, Z. 18), und einen gegenwärtigen und bleibenden Zustand, gekennzeichnet durch ein „von da an" (z. B. S. 58, Z. 15). Eine weitere Entwicklung oder Veränderung über das Lüneburger Bekehrungserlebnis hinaus wird von Francke nicht in den Blick genommen. Schon die zwischen dem Lüneburger Erlebnis und der Niederschrift des *Lebenslauffes* vergangenen drei Jahre verdienen im Zusammenhang dieser geistlichen Autobiographie keine Erwähnung.

Die *Kurtze Nachricht* umfasst dagegen die volle Lebensspanne Franckes und stiftet ein ehrendes Andenken an Francke, indem sie das gottselige Leben, Handeln und Sterben des halleschen Universitätsprofessors und Gründers der Glauchaschen Anstalten erzählt.

Der *Lebenslauff* ist ein literaturgeschichtlich bedeutsames Dokument der Darstellung von Innerlichkeit.

Francke verbindet die Nennung der traditionellen Daten einer frommen Gelehrtenvita, die ohne falsche Bescheidenheit den eigenen Fleiß und akademischen Erfolg hervorhebt, mit der Reflexion über den jeweiligen inneren Zustand seines Gemüts. Dabei beschreibt er nicht eine innere, geistige oder geistliche Entwicklung, sondern beurteilt nur im Rückblick die jeweiligen Zustände seines Gemütes. Bewertungskriterium ist die je unterschiedliche Nähe zu Gott oder zur Welt. Rückschläge und Umwege sind nicht Faktoren eines Reifungsprozesses, sondern Abwege, von denen Gottes Vorsehung ihn immer wieder zurückführt. Und es ist schließlich Gott selbst, der die Hindernisse beseitigen muss, die die Welt Franckes Bekehrung in den Weg legt.

Franckes Reflexionen über seinen Zustand sind nachträgliche Wertungen „nach erlangter Erkentniß des rechtschaffenen wesens, das in Ch[ristus] ist" (S. 14, Z. 13 f.), gestehen seinem damaligen Bewusstsein keinen Eigenwert zu und schenken ihm daher auch keine Beachtung. Erst der engere Bekehrungsbericht bietet eine detaillierte Schilderung vergangener seelischer Abläufe.

Ebenso wenig enthält der *Lebenslauff* Schilderung von Individualität. Weder Franckes Kindheit oder Jugend noch die ihm auf seinem Lebensweg begegnenden Personen werden in ihrer Unverwechselbarkeit beschrieben. Die Personen verschwinden hinter ihren Funktionen. Bei aller historischen Information im Einzelnen ist der *Lebenslauff* in typischer Weise geprägt von dem Kampf zwischen weltlichem und göttlichem „Geist", vom Kampf zwischen Vernunft, Ehr- und Eigensucht auf der einen, Glaube und Unterwerfung unter Gottes Willen auf der anderen Seite.

Trotz mangelnder Schilderung von Individualität und seelischer Entwicklung ist Franckes *Lebenslauff* ein Zeugnis für die Kultur der Innerlichkeit. Ein wesentlicher Grundzug der pietistischen Innerlichkeit ist die scharfe Antithese von Außen- und Innenwelt oder diejenige von Öffentlichkeit und Privatsphäre. Solange Francke zu Hause, im eigenen Kämmerlein, in der Gemeinschaft weniger Personen oder unter verantwortlicher Aufsicht weilt, ist er für Gott offen. Das Heilige ist im Inneren des Menschen und wird durch die Profanität der Außenwelt bedroht, durch das weltliche Treiben oder durch die „Gesellschaft", die selbst nur am äußeren Eindruck hängt. Diese manichäische Weltsicht, insbesondere die Warnung vor der weltlichen Gesellschaft, ist aus puritanischer Frömmigkeit bekannt.

Schlüsselbegriff für die Innerlichkeit ist im *Lebenslauff* der Begriff des „Gemüts" oder der des „Hertzens". Das „Gemüt" bezeichnet zu Franckes Zeit das ganze Innere des Menschen, den Willen ebenso wie die Vernunft, im Gegensatz zum Körper. Dieser Begriff erscheint in Franckes *Lebenslauff* verengt, indem das Augenmerk auf der Affizierung des Inneren durch die Außenwelt (Exempel, Affekte) liegt. Das „Gemüt" bezeichnet im *Lebenslauff* das innere Gefühl oder den Seelenzustand, der entweder von Unruhe oder von Frieden und geistlicher Freude gekennzeichnet ist.

Beeindruckend ist der Spannungsbogen, mit dem Francke den Weg zu seiner Bekehrung zu schildern vermag. Nach dem Durchgang durch die wichtigsten Stationen des Lebens und akademischen Leistungen der vergangenen 24 Jahre gewinnt die Erzählung an Dramatik. Sobald Francke auf sein „Christenthum" zu sprechen kommt, beginnt er, seelische Bewegungen differenzierend zu beschreiben. Raum und Zeit verdichten sich mit der Erzählung über den Aufenthalt in Lüneburg. Die Zeit- und Ortsadverbien dienen einer immer präziseren Eingrenzung des Bekehrungsvorganges, der selbst zu zeitloser Gegenwart zu retardieren scheint. Entsprechend dem oben beschriebenen Ideal der Innerlichkeit konzentriert sich das Geschehen auf einen immer engeren Raum bis dahin, dass Francke, alle menschliche Gesellschaft verlassend, allein in seiner Stube neben dem Bett auf den Knien liegt, wo er seine Gotteserfahrung hat. Es ist diese sprachlich gelungene, gleichwohl unprätentiöse Komposition seiner Erfahrung, die Franckes Bekehrungserlebnis einen authentischen Charakter verleiht.

Obwohl man sich davor hüten muss, die literarische Wirkungsgeschichte von Franckes *Lebenslauff* zu überschätzen (vgl. S. 147), indem man ihn zum Paradigma pietistischer Bekehrungsberichte oder zum Beginn der individuellen Autobiographie stilisiert, ist Franckes *Lebenslauff* ein bis heute ansprechendes literarisches Zeugnis dafür, wie unter der Kraft eines religiösen Erlebnisses oder einer pneumatischen Erfahrung die Sprache Lebendigkeit erhält und eine trockene Gelehrtenbiographie in ein Bekenntnis voll jugendlicher Frische und Dramatik umschlägt.

Das Bekehrungserlebnis, das den Zielpunkt von August Hermann Franckes *Lebenslauff* bildet, ist charakteristisch für die im halleschen Pietismus vertretene Auffassung, dass es (in der Regel) für den Getauften nach dem sakramentalen „Bad der Wiedergeburt" (vgl. S. 8, Z. 5 f.) einer erfahrbaren Wieder- oder Neugeburt bedarf, um ein wahrhafter Christ zu werden. Dabei spielt die innerliche Buße eine entscheidende Rolle. Sie ist der Ort, wo der Christ sich von der gottfernen „Welt", nach deren Gesetzen er bislang gelebt hat, lossagt und sich für Gott entscheidet. Wie sehr die Pietisten die Buße auch als göttliches Werk bestimmt haben (vgl. S. 45, Z. 20 f.), so hat die Buße immer den Willensentschluss des Menschen zum Ziel, fortan ein spezifisch christliches Leben zu führen.

Der Prozess der Buße, in dem der durch Gott und sein Wort neu gezeugte innere Mensch wachsen und den alten, äußeren Menschen bekämpfen muss, endet für den Pietisten mit dem analog zur leiblichen Geburt gedachten „Durchbruch" des neuen Menschen, dessen Handeln vom Wissen um Gottes Wirken in dieser Welt geprägt ist. Franckes im *Lebenslauff* dargelegtes Bekehrungserlebnis hat für die Konstituierung des halleschen Pietismus und seiner Theologie eine wichtige integrative Funktion gehabt.

Ob sich auch das Drängen des halleschen Pietismus auf einen Bußkampf aus Franckes persönlichem Bekehrungserlebnis herleiten lässt, ist fraglich. Interessanterweise fällt der Begriff des Bußkampfes im *Lebenslauff* nicht. Er lässt zwar etwas von der seelischen Erschütterung Franckes vor seiner Bekehrung spüren, aber nichts von dem Ringen mit Welt, Fleisch und Teufel, das für die spätere, puritanisch geprägte Bußkampftheologie des halleschen Pietismus charakteristisch geworden ist. Die Genese der auch von August Hermann Francke in späteren Jahren vertretenen halleschen Bußkampftheologie lässt sich jedenfalls nicht einfach aus seinem Lüneburger Erlebnis ableiten.

Auch die meist für den halleschen Pietismus insgesamt namhaft gemachte Forderung einer plötzlichen und darum klar auf Tag und Stunde datierbaren Bekehrung lässt sich nicht auf August Hermann Francke zurückführen. Francke hat vielmehr solche doktinären Vorgaben abgelehnt und nicht gemeint, dass sein Fall einer plötzlichen Bekehrung (im „Handumdrehen"; s. S. 55, Z. 9 f.) normative Bedeutung habe. Der Christ müsse nicht das Datum seiner Bekehrung wissen, er müsse aber das eigene Leben nach der Bekehrung deutlich von demjenigen vor der Bekehrung unterscheiden können, weil er nur so der Tatsache seiner Bekehrung einsichtig werde.[1]

---

1   *Markus Matthias:* Bekehrung und Wiedergeburt. In: Geschichte des Pie-

In seinem *Lebenslauff* räumt Francke selbst ein, dass seine Bekehrung auch „nach und nach" (s. S. 55, Z. 3 f.) hätte vonstatten gehen können. Ja, Francke selbst hat offenbar sein Bekehrungserlebnis nicht mit einem bestimmten Datum verbunden. Zum einen fehlt bislang jedes Zeugnis dafür, dass sich Francke irgendwann des Jahrestages seiner Bekehrung erinnert hätte. Zum andern sperren sich die überlieferten Quellen hinsichtlich der Lüneburger Ereignisse (bislang) einer chronologischen Rekonstruktion des Bekehrungserlebnisses, so dass man damit rechnen muss, dass Franckes *Lebenslauff* den Prozess der Bekehrung in verdichteter Form wiedergibt.

Aus einem späten Selbstzeugnis ist zu schließen, dass die Bekehrung noch im November 1687 geschah, denn Francke berichtet in seinen *Lebensnachrichten* (1724), dass er Hermann von der Hardt erst zum „Stuben=Gesellen" und Mitstipendiaten bekommen hatte, „nachdem Gott jetztgedachte große Barmherzigkeit an Seiner Seelen gethan" hatte. Wenn man Hardts Ankunft in Lüneburg, die vor dem 5. Dezember 1687 datiert,[2] nicht von dieser Nachricht des gemeinsamen Wohnens unterscheiden will – wofür es keine Anhaltspunkte gibt –, so wäre der 5. Dezember 1687 der späteste Zeitpunkt für das Bekehrungserlebnis.[3]

---

tismus. Bd. 4. Glaubenswelt und Lebenswelten. Hg. von *Hartmut Lehmann*, S. 49–79, hier 62–64.

2 A. H. Francke an A. H. Gloxin, Lüneburg, den 5.12.1687: „Indicavi nuper paucis, quam uberes mihi spondeat fructus doctrina Viri Summi, Dom: Sandhagii. Nunc uberiores etiam spondent iunctae Amici conjunctissimi et desideratissimi, M. ab Hardt, operae, utpote quae adeo mihi sunt proficuae, ut ab eo per totam vitam divelli nollem, nisi in manus Domini me meaque penitus committerem. [Ich habe neulich mit wenigen Worten angezeigt, welche überreichen Früchte mir die Belehrung des Herrn Sandhagens, eines herausragenden Mannes, verspricht. Jetzt aber versprechen die gemeinsamen Anstrengungen mit dem mir innigst verbundenen und sehr erwünschten Magister von der Hardt noch reichere Früchte, welche mir nämlich so nützlich sind, dass ich mein ganzes Leben mich nicht von ihm trennen lassen wollte, wenn ich mich und mein Schicksal nicht fest der Hand des Herrn anvertraut hätte" (AHL, Schabbel-Stiftung, Konv. 29).

3 *Friedrich de Boor:* Erfahrung gegen Vernunft. Das Bekehrungserlebnis A.

Versucht man aber den Tag der Mittwochspredigt (s.
S. 58, Z. 1 f.) zu bestimmen, vor der Francke sein Bekehrungserlebnis gehabt haben will, so lässt sich bislang nur eine Predigt Franckes in Lüneburg nachwei-
sen, und die datiert vom Mittwoch, dem 28. Dezember
1687.[4]
Der chronologische Widerspruch verliert aber an Bedeutung, wenn man damit rechnet, dass die Verbindung
von aufgetragener Predigt und Bekehrung und damit
auch die Dramatik der plötzlichen Bekehrung ein ge-
stalterisches Motiv des *Lebenslauffes* ist, das das Wesen
des Bekehrungserlebnisses, „das eigentlich Grund-
wahre" (Goethe)[5] auf den Punkt bringt. Die im Bekehrungserlebnis erfahrene existentielle Entscheidung
wird als Folge der durch den Verkündigungsauftrag
hervorgerufenen Krise erkannt. Es ist offenbar diese
Sinndeutung, die der Erinnerung an das in Lüneburg
Erlebte ihre konkrete Gestalt gibt und die damaligen

H. Franckes als Grundlage für den Kampf des Hallischen Pietismus gegen
die Aufklärung. In: Der Pietismus in Gestalten und Wirkungen. Martin
Schmidt zum 65. Geburtstag, Bielefeld 1975 (AGP 14), S. [120–138] 132
Anm. 71.

4   A. H. Francke an A. H. Gloxin, Lüneburg, den 25.1.1688: „Concionem a
me ult: fer: Nat: Christi habitam, etsi meditationi perbreve spatium fue-
rit concessum, ut nec in chartam conjicere quicquam potuerim, proxime
Tibi summisse offeram, imposterum quoque promtissime enarratiunculas
meas sive latinas sive germanicas missurus, postquam eas subac[u]tissimo
judicio Tuo, Te non invito, subjici posse compertum habeo [Die von mir am
letzten Weihnachtstag gehaltene Predigt, auch wenn mir für die Meditation nur sehr wenig Zeit zugestanden war, dass ich kaum etwas aufs Papier hatte bringen können, hatte ich Dir jüngst ohne Stolz dargeboten;
auch künftig werde ich Dir unverzüglich meine lateinischen oder deutschen kurzen Ausführungen schicken, nachdem ich weiß, dass sie – Dir
nicht ungelegen – Deinem sehr scharfen Urteilsvermögen ausgesetzt werden können." (AHL, Schabbel-Stiftung, Konv. 29). – Da das Weihnachts-
fest kalendarisch vier Tage dauert, beginnend mit dem 25. Dezember, ist
der letzte Weihnachtsfeiertag der 28. Dezember.

5   Goethes Werke. Hg. von *Erich Trunz.* Bd. 9, Hamburg [9]1981, S. 640; vgl.
Markus Matthias: Johann Wilhelm und Johanna Eleonora Petersen. Göttingen 1993 (AGP 30), S. 224–227.

Erfahrungen zu einem dramatischen Geschehen von zeitlicher und räumlicher Intensität verdichtet.

Die kirchengeschichtliche Forschung hat Franckes Bekehrungsbericht meist nach seinen traditionsgeschichtlichen Wurzeln befragt. Zur Diskussion stand, „wes Geistes Kind" Francke sei, um durch den Aufweis seiner Wurzeln zugleich die Legitimität oder Illegitimität seines Ansatzes zu bestimmen. Natürlich waren neben Augustin (354–430), dem Klassiker der konfessorischen Autobiographie, Spuren des Einflusses Martin Luthers (1483–1546), Johann Arndts (1555–1621) und Miguel de Molinos' (1628–1696) sowie der puritanischen Erbauungsliteratur festzustellen, da Francke selbst von seiner Beschäftigung mit diesen Traditionen gesprochen hat. Während manche Forscher Franckes Bekehrung deshalb von Vorbild und Theologie Luthers her verstehen, meinen andere, Francke führe Gedanken der mittelalterlichen und spanisch-katholischen Mystik oder reformiert-puritanische Positionen in das Luthertum seiner Zeit ein.

Die Traditionsgeschichte deckt freilich nur auf, welche sprachlichen Möglichkeiten und gedanklichen Entwürfe Francke bei der geistigen Bewältigung seiner Lüneburger Erlebnisse zur Verfügung standen. Vor einer traditionsgeschichtlichen Ableitung des Bekehrungsgeschehens müsste eruiert werden, welche Funktion dem *Lebenslauff* als nachträglicher Darstellung des Bekehrungserlebnisses zukommt.

Betrachtet man die literarische Gestalt des *Lebenslauffes,* so ergeben sich erste Schwierigkeiten bei der Frage nach dem wirklichen oder ideellen Adressaten Franckes. Für wen hat er seinen *Lebenslauff* geschrieben, oder welchen potentiellen Leser und Hörer hat er sich bei der Abfassung vorgestellt?

Der Text ist zum einen so konfessorisch gehalten, dass die Annahme schwerfällt, der *Lebenslauff* sei zur

Veröffentlichung bestimmt gewesen. Franckes Reflexionen über seinen eigenen Seelenzustand sind kaum für ein größeres Publikum gedacht. Francke hat ein Jahr vor seinem Tod einmal geäußert,[6] dass sein *Lebenslauff* erst nach seinem Tod veröffentlicht werden solle. Ist eine solche Bestimmung im Alter verständlich, so ist es doch unwahrscheinlich, dass Francke schon bei der Niederschrift die Nachwelt als Adressaten und Leser avisierte. Zudem bliebe die Frage nach dem konkreten Anlass der Niederschrift unbeantwortet.

Zum anderen enthält der *Lebenslauff* neben pädagogischen Erörterungen apologetische Passagen wie die Berichte über das Collegium Philobiblicum (S. 31, Z. 1–S. 37, Z. 12) oder über die Molinos-Übersetzung (S. 37, Z. 13–S. 43, Z. 11), die offenbar für einen bestimmten Adressatenkreis geschrieben sind. Dieser wird gelegentlich sogar vom Erzähler angesprochen (z. B. S. 40, Z. 10 f.). Auch die anhand der im textkritischen Apparat nachgewiesenen Entstehungsvarianten ersichtliche bewusste Auswahl von Informationen und Reflexionen spricht dafür, dass der *Lebenslauff* nicht einfach ein Zeugnis der persönlichen und deshalb gewissermaßen authentischen Selbstvergewisserung darstellt, sondern dass er für ein Publikum bestimmt ist.

Inhaltlich bietet der *Lebenslauff* eine Art Generalbeichte mit Bekehrungsbericht, indem Francke sein früheres Leben rückblickend als unter der Sünde stehend bekennt. Unter gattungsgeschichtlichem Gesichtspunkt ist Franckes *Lebenslauff* daher am ehesten den aus dem kongregationalistischen Puritanismus des 17. Jahrhunderts bekannten „conversion relations"[7]

---

6   A. H. Francke an Herzog Karl Leopold von Mecklenburg-Schwerin, Halle, den 13. April 1726 (s. S. 141 f.).
7   Vgl. *Hans Galinsky:* Grundlegung der Prosa Neuenglands (Geschichte amerikanischer Kolonialliteratur. Multinationale Wurzeln einer Weltlite-

verwandt, in denen neue Gemeindeglieder eine Art Generalbeichte ihres Lebens und ein Zeugnis ihrer Bekehrung ablegen. Vergleichbar sind auch die um die Mitte des 17. Jahrhunderts verbreiteten „spiritual autobiographies" puritanischer Geistlicher.[8]

Francke, der frühzeitig sowohl mit puritanischer Erbauungsliteratur bekannt wurde als auch die englische Sprache (s. S. 27, Z. 6) erlernt hatte, mag aus dieser Tradition Anstöße für die Gestaltung seines *Lebenslauffes* aufgenommen haben. Vor allem aber dürfte Francke mit seinem *Lebenslauff* bestimmten, von dieser Tradition geprägten Erwartungshaltungen begegnet sein. In der Tat lässt sich nun zeigen, dass es in Erfurt und Gotha in der zweiten Hälfte des 17. Jahrhunderts Kreise gab, die in ihrer Frömmigkeit vom englischen Puritanismus geprägt waren, Kreise, in denen eine rigoristische Ethik propagiert wurde und Bekehrungserlebnisse aufgeschrieben wurden.

Im Archiv der Franckeschen Stiftungen in Halle liegen zwei Bekehrungsberichte von Erfurter Bürgern vor, die aus dem Jahre 1690 datieren, mithin noch aus einer Zeit vor der Niederschrift von Franckes *Lebenslauff* stammen könnten. Interessanterweise berichtet der eine von ihnen von einer plötzlichen, der andere von einer sich über eine längere Zeit hinziehenden und immer noch nicht abgeschlossenen Bekehrung.[9] Hat

---

ratur in Entwicklungslinien und Werkinterpretationen 1542–1722, Bd. 1.2), Darmstadt 1991, S. 55–73 u. *Patricia Caldwell:* The Puritan conversion narrative. The beginnings of American expression, Cambridge u. a. 1983 [2]1985.

8 Vgl. *Owen C. Watkins:* The Puritan Experience, London 1972 u. Paul Delany: British Autobiography in the Seventeenth Century, London 1969.

9 AFSt/H D 84:17[r–v] (Georg Heinrich Brückner), D 84:18[r] ([Nicolaus oder Henrich Wilhelm] Fratzscher); vgl. die religiösen Bekenntnisse D 89: S. 91 f. (Gebhard Levin Semmler; 4.11. 1690) und D 89: S. 233 f. (Hans Ludwig Nehrlich; 3.2.1691).

Francke diese religiöse Erweckung in Erfurt erst aus-
gelöst, oder kommt er in eine Bewegung hinein, die ihn
beeinflusst, auf die er reagiert und die er im halleschen
Pietismus letztlich verkirchlicht?

Bekanntlich hielt Francke in Erfurt nicht nur öffentliche Gottesdienste, sondern sammelte auch unterschiedliche Gruppen um sich, seien es die im Katechis-
mus zu unterrichtenden Kinder, seien es die Studenten,
die ihm um die Jahreswende 1690/91 nach Erfurt nach-
gezogen waren. In solchen Gruppen konnte es sinnvoll
erscheinen, einerseits die gegen ihn im Umlauf befindlichen Vorwürfe zu widerlegen und andererseits seine
Befähigung zum Pfarramt durch die Erzählung seiner
Bekehrung zu demonstrieren.

Franckes am 2. Juni 1690 in Erfurt erfolgter Eintritt
in das geistliche Amt dürfte dabei ein wichtiges Motiv
für die Abfassung des *Lebenslauffes* gewesen sein. Denn
der *Lebenslauff* thematisiert ja gerade Franckes „Zube-
reitung" zum Pfarramt. Francke bezeichnet ausdrücklich sein Theologiestudium als Anlass für seine Bekehrung (S. 45, Z. 19–27), da er sich nach einem achtjähri-
gen Theologiestudium mit den auf ihn zukommenden
Anforderungen des Pfarrberufes, insbesondere hinsichtlich seiner eigenen Glaubwürdigkeit, konfrontiert
sah. Diese Anforderungen und ihre Lösung erscheinen
im *Lebenslauff* mit Predigtauftrag und Bekehrung in
Lüneburg antitypisch vorweggenommen.

Man kann die in Franckes *Lebenslauff* beschriebene
Lösung seiner religiösen Krise auf theologische Anschauungen einer reformiert-puritanischen Tradition
zurückführen.[10] Nach diesen Anschauungen, die in
Deutschland insbesondere von dem bekannten lutheri-

---

10 *Johannes Wallmann:* Der Pietismus, Göttingen 1990 (KIG, 4), S. O 64; vgl.
    Albrecht Ritschl: Geschichte des Pietismus, Bd. 2, Bonn 1884 (Nachdruck
    1966), S. 251–253 u. 113–115.

schen Theologen Theophil Großgebauer (1627–1661) in Rostock propagiert wurden, tritt die durch die Taufe bezeichnete Wiedergeburt des Christen erst dann in Kraft, wenn er sich bewusst für ein Leben im Geiste Christi entscheidet.

Fragt man aber, ob auch Franckes vorhergehende Anfechtung ihren Grund in der Prägung durch diese Tradition hat, so fällt auf, dass sich in Franckes Bekehrungsbericht zwei Problemkreise schneiden, die zunächst nichts miteinander zu tun haben.

Der erste Problemkreis ist Franckes Anfechtung. Sein Glaube steht auf dem Prüfstand, indem er sich selbst fragt, mit welchem letzten Ernst er aus seinem Glauben lebt und wieweit er in seiner Lebensführung mit Gottes Wirklichkeit rechnet. Seine in dieser Hinsicht bislang mangelnde Entschiedenheit nennt Francke „Unglaube" (s. S. 52, Z. 8). Konkret verlangt das Predigtamt, dass der Prediger mit seiner Person für die von ihm verkündete Wahrheit eintritt. Vor der Übernahme eines Predigtamtes bedarf es also einer Prüfung der Wahrheit des Christentums. Diese Prüfung gipfelt in der radikalen Frage nach der Gewissheit der Quellen des christlichen Glaubens, also der Bibel.

Francke versteht seinen „Atheismus" keineswegs als wirklichen Unglauben – er betet noch immer – sondern als Gewissheitsproblem. Mit dem aus der zeitgenössischen Dogmatik bekannten Einwand gegen eine Sonderstellung der Bibel als Heiliger Schrift fragt er, ob nicht Juden und Muslime mit demselben Recht von ihren Heiligen Schriften (Talmud und Koran) behaupten könnten, dass sie die religiöse Wahrheit enthielten.[11] Die evangelische Glaubensgewissheit ist nicht durch die

---

11 Vgl. *Johann Gerhard:* Loci Theologici. Bd. 2, Tübingen: J. G. Cotta 1763, S. 47 (I, 3, § 50). – Dieses Gewissheitsproblem kommt auch in manchen puritanischen Lebensbeschreibungen als ein Motiv der Anfechtung neben anderen vor.

Furcht vor Gottes Zorn und Gericht bedroht, sondern durch die aufklärerische Frage nach der Begründung der biblischen Autorität.

Dass die Gewissheitsfrage für Francke zum Problem wird, ist nicht verwunderlich, wenn man bedenkt, dass er theologisch von dem Jenaer Theologen Johannes Musäus (s. S. 51, Z. 1–3) geprägt ist. Musäus hat in der Diskussion um den Wissenschaftscharakter der Theologie in rationalistischer Weise zwischen der objektiven Wahrheit des Offenbarungszeugnisses und seiner subjektiven Geltung für den Christen unterschieden.[12] Er hat deshalb gefordert, dass zu der in die Heilige Schrift eingegangenen Offenbarung Gottes eine aktuelle, zusätzliche und unmittelbare Offenbarung Gottes im Menschen treten müsse, damit der Mensch über die biblische Wahrheit persönliche Gewissheit erlange.

Beantwortet wird die Frage nach der Gewissheit der Bibel bei Francke folglich nicht mit der Behauptung ihrer Selbstevidenz oder dem historischen Versuch, die Überlegenheit der Bibel nachzuweisen, sondern mit einer unmittelbaren, dabei erstaunlich unkonkret bleibenden religiösen Erfahrung. Auffällig ist, wie Francke aus der Qualität und Intensität des ihn nach seiner Bekehrung beherrschenden Gefühls der Freude auf dessen göttlichen Ursprung schließt (S. 56, Z. 16–22). Im Gegensatz zur altprotestantischen Orthodoxie, aber durchaus im Sinne Musäus' erschließt sich ihm die Göttlichkeit der Heiligen Schrift nicht direkt durch das sogenannte innere Zeugnis des Heiligen Geistes (*testimonium Spiritus Sancti internum*), sondern über ihren erfahrbaren „Effekt" im Gefühl.

---

12 Vgl. *Karl Heim:* Das Gewißheitsproblem in der systematischen Theologie bis zu Schleiermacher, Leipzig 1911, S. 332–345. Vgl. jetzt auch: *Markus Matthias:* Gewissheit und Bekehrung. Die Bedeutung der Theologie des Johannes Musaeus für August Hermann Francke, in: Pietismus und Neuzeit 41 (2015), S. 11–31.

Und da stoßen wir auf den zweiten Problemkreis. Die „atheistische" Frage wird durchkreuzt von einem bewusst geführten, nach Francke von Gott selbst angestoßenen Prozess der Buße, an dessen Ende Francke mit der Erfahrung der Gnade Gottes (Evangelium) Gewissheit über die Existenz Gottes und die biblische Wahrheit erlangt.

Vorbereitet durch wunderbare Zeichen der Vorsehung (S. 52, Z. 24 – S. 53, Z. 13 u. S. 53, Z. 14 – S. 54, Z. 2), ist der Akt der Buße selbst auf unmittelbare Gotteserfahrung hin angelegt. Bezeichnend dafür ist die paradoxe Formulierung, mit der Francke sein Sündenbekenntnis in die Frage nach Gott übergehen lässt: „Denn ich fühlete es gar zu hart, was es sey, keinen Gott haben, an den sich das hertz halten könne; Seine Sünden beweynen, und nicht wissen warum, oder wer der sey, der solche thränen auspresset, und ob warhafftig ein Gott sey, den man damit erzürnet habe; sein Elend und großen Jammer täglich sehen, und doch keinen heyland und keine Zuflucht wissen oder kennen" (S. 54, Z. 24 – 31).

Entsprechend durchdringen sich in der Schilderung der Gnaden- und Gotteserfahrung Motive der Sündenvergebung mit solchen der Vergewisserung über die Existenz Gottes (s. S. 55, Z. 1–17). Die im Prozess der Buße gemachte Gnadenerfahrung schließt über den Rückschluss vom Effekt auf die Ursache die Verifizierung der Existenz Gottes und der Wahrheit des Christentums ein.

Neu ist bei Francke die aufklärerische Schärfe des Gewissheitsproblems. Das Gewissheitsproblem wird im Blick auf die erkenntnistheoretischen Forderungen der Vernunft persönlich ernstgenommen und seine Lösung nicht einfach vorausgesetzt. Trotz aller Zurückweisung der Vernunft in Glaubenssachen bietet Francke mit dem Argument des „Effekts" eine rationale Lösung des Gewissheitsproblems. Denn das eigene Erlebnis begründet unbestreitbare, weil subjektive Erfahrungsgewissheit.

Typisch pietistisch ist, dass Francke in seiner Buße zuerst ein Sündenbewusstsein entwickelt, auf das die in der Bibel verkündete Gnade Gottes antworten kann. Dieses Sündenbewusstsein entsteht durch eine rigoristische Beurteilung des bürgerlich-ehrbaren Lebens, denn grobe Sünden hat sich Francke in seiner Lebensbeichte nicht vorzuwerfen. Nach den Kriterien der Welt gilt er als guter Christ.

Aber die Erfahrung des „neuen wesen des Geistes" (s. S. 50, Z. 24) bedarf einer scharfen Unterscheidung von dem Geist der bürgerlichen Welt, in der Francke groß geworden ist. Die rigoristische Moral des halleschen Pietismus gegenüber den sogenannten Mitteldingen (Tanzen, Zeitvertreib u.a.) hat darin ihren Grund.

Die *Kurtze Nachricht* ist bis zum Ende des 18. Jahrhunderts die ausführlichste und nach der bei der Trauerfeier verlesenen und mit der Leichenpredigt abgedruckten Lebensbeschreibung (*Personalia*) die älteste Darstellung von Franckes Leben. Angesichts der in der Regel geringen Auflage von Leichenpredigten war die Nachricht auch die am ehesten greifbare Biographie Franckes. Ein besonderer Wert liegt darin, dass sie über die *Personalia* hinaus die Kurzfassung von Franckes Bekehrungserlebnis bietet, wie sie Freylinghausen in seiner Predigt (s. S. 142) mitgeteilt hat. Damit wurde Franckes Bekehrungserlebnis zum ersten Mal überregional bekannt gemacht. Zugleich wurde es als Exempel des Bußkampfes im Sinne der halleschen Bekehrungstheologie gedeutet.

Der Charakter der Nachricht ist großenteils durch die *Personalia* der Leichenpredigt bestimmt, die den gattungsmäßigen Anforderungen an einen bei der Trauerfeier verlesenen Lebenslauf entspricht. Dieser besteht im Wesentlichen aus der Zusammenstellung wichtiger biographischer Daten, zu denen bei einem bürgerlichen Gelehrten vor allem Herkunft, Taufe, Schul- und Universitätsbesuch, Bekanntschaft mit berühmten Personen und öffentliche Wirksamkeit gehören. Zu den Daten der wissenschaftlichen oder beruflichen Karriere treten hinzu die Angaben über Ehe und Nachkommenschaft, Familie und Familienleben, sowie in der Regel Angaben über die zum Tode führende Krankheit.

Einen breiten Raum nimmt schließlich eine (in der Regel positive) Beschreibung des „Christentums" des Verstorbenen ein, die sich auf die letzte Zeit vor dem Tod konzentriert. Ein eigenes Gewicht erhält der ausführliche Bericht über das „selige Sterben", weil das Festhalten am christlichen Glauben in der Todesstunde (vgl. S. 130, Z. 13–16) als Unterpfand der endlichen Erlösung gilt. Dazu gehören etwa die letztmalige Teilnahme am Abendmahl und die Bereitung zum Tod durch Sterbebücher und Gebete.

Der Sterbende wird im Blick auf die Anforderung eines seligen Sterbens vom Freundes- und Familienkreis begleitet, ja bedrängt. Man kann damit rechnen, dass hier in der Tat Franckes letzte Worte authentisch protokolliert wurden. Diese Annahme wird durch die Beobachtung bestärkt, dass sich einige der Worte Franckes auch in seinen letzten Briefen wiederfinden lassen.[13]

Die möglichst genaue Angabe der Lebensspanne als Zeit der irdischen Pilgerschaft beschließt das *curriculum vitae*.

---

13 Z. B. in dem Brief A. H. Franckes an A. H. Walbaum vom 23. März 1727 (s. S. 147 Anm. 25), S. 834 f. (S. 58, Z. 26 f.); 835 (S. 63, Z. 3–5); 835 f. (S. 63, Z. 5 f.); 836 f. (S. 64, Z. 12–14); 837 (S. 54, Z. 30 f.).

Entsprechend ihrer anderen Intention stellen *Personalia* und *Kurtze Nachricht* auch die Vorgeschichte Franckes vor seiner Bekehrung, insbesondere seine Studien, in einem hellen Licht dar. Sein Studienweg ist von Fleiß und Anerkennung bestimmt, frühere Konflikte wie die anlässlich der Leipziger *Collegia Philobiblica* werden übergangen oder wie die Erfurter Ereignisse beschönigt. Franckes religiöses Leben vor der Bekehrung erscheint weitgehend ungetrübt, nicht als ein Schwanken zwischen verschiedenen Zuständen, sondern als ein langsamer, aber stetiger Weg zur Vervollkommnung in der Lüneburger Bekehrung. Franckes vorausgehende Anfechtungen erscheinen im Sinne der halleschen Bekehrungstheologie als Bußkampf.

Im Blick auf die Entstehung der in die *Kurtze Nachricht* eingeflossenen Texte (s. S. 149 ff.) muss man annehmen, dass das in ihr von seinen Erben und Nachfolgern vermittelte Lebensbild Franckes seiner eigenen Alterssicht entspricht.

Auffallend ist die (im Stellenkommentar im Einzelnen nachgewiesene) Durchdringung der *Kurtzen Nachricht* von biblischer Sprache. Nicht immer ist zu entscheiden, ob dabei die Bibel mit ihrem konkreten Sinnzusammenhang zitiert wird, oder ob einfach der Wortschatz der Bibel gebraucht wird. In jedem Fall wird Francke nahe an das in der Bibel niedergelegte apostolische Vorbild herangerückt. Durch die Verwendung der biblischen Sprache und der apostolischen Kernbegriffe erscheint Francke als Geistlicher apostolischer Bedeutung.

Für Francke selbst mag die mitunter skrupulöse Orientierung an der Bibel das in ihr verheißene Heil verbürgt haben. Die Orientierung an der Bibel ist besonders auffällig in den Aussagen und Gebeten Franckes während seiner letzten Tage (s. S. 124, Z. 16 ff.). Dahinter steht der Gedanke, dass der Geist der Bibel immer derselbe ist und sich über die Jahrhunderte hinweg immer wieder im Gläubigen neu aktualisiert. Die Identität des Geistes wird durch eine möglichst große Übereinstimmung mit biblischem Leben erfahren.

Der Kompilator der Nachricht hat einen glücklichen Griff getan, als er in die *Personalia* der Trauerpredigt die Gedächtnisrede Georg Friedrich Rogalls (s. *Kurtze Nachricht,* Anm. 231) einfügte, die eine ansprechende Charakterisierung von Franckes Persönlichkeit und Umgang mit Menschen bietet.

Der Königsberger Rogall hatte nach Studienaufenthalten in Königsberg und Frankfurt a. d. Oder in Halle studiert, wo er Francke durch den täglichen Umgang bei Tisch erlebte. Seine Gedächtnisrede ist als Zeitzeugnis umso wertvoller, als Rogall theologisch kein einfacher Parteigänger Franckes war, sondern in Halle auch bei dem später vertriebenen, großen Aufklärungsphilosophen Christian Wolff studiert hatte.

Interessant ist Rogalls Auseinandersetzung mit dem latenten Vorwurf, Francke habe einem naiven Vorsehungsglauben gehuldigt, der die mit Überlegung und Anstrengung ausgeführten Pläne einfach auf Gottes Willen und Segen zurückführt. Angesichts der Schilderung Rogalls (z. B. S. 102, Z. 22 – S. 103, Z. 19) wird man mit einer besonderen geistlichen Gebetserfahrung bei Francke rechnen müssen, die für seine Projekte von entscheidender Bedeutung waren.

Insgesamt lässt Rogalls Charakterisierung Franckes persönliche Frömmigkeit und pietistische Lebensführung jenseits aller theologischen Doktrin in einem warmen Licht erscheinen. Gegenüber den chronikartigen *Personalia* aus der Leichenpredigt tritt hier die Individualität Franckes bei aller Gebundenheit an das herangezogene apostolische Vorbild hervor.

Quellen und Literatur[1]

1. Die zum Tode Franckes erschienenen Trauerschriften[2]

Michael Alberti:

Optime Meritum Honoris Monumentum, Quod Theologo De Academia Et De Ecclesia, Non Hallensi Solum, Sed Etiam Evangelica Universa, Meritissimo, Viro Summe Reverendo, Augusto Hermanno Franckio, [...] Defuncto, Die XVII Junii, Justis Ejus Funeralibus Destinato, Luctus Et Amicitiae Caussa Ponit Academiae Fridericianae Senatus, Interprete Prorectore Magnifico D. Michaele Alberti, [...], Halle: Waisenhaus [1727].

Michael Alberti:

Wohlverdientes Ehrengedächtniß / Welches Dem nicht nur um die Universität und Christliche Gemeine zu Halle / sondern auch um die gantze Evangelische Kirche hochverdienten Theologo, Dem weiland Hochehrwürdigen und in GOtt andächtigen Herrn / Herrn August Hermann Francken, [...] Nachdem derselbe im 65sten Jahr seines Alters den 8 Junii 1727 in dem Herrn selig entschlaffen war, Am 17 Junii, als am Tage seines öffentlichen Leichenbegängnisses / Der Hochlöblichen Friederichs=Universität Senat, Zur Bezeugung seines Christschuldigen Beyleids und Collegialischer Freundschaft, Durch Veranstaltung Des Prorectoris Magnifici, Herrn D. Michaelis Alberti, [...] stiftete: Numehro auf Verlangen aus dem publicirten Lateinischen Programmate ins Teutsche übersetzet, Halle: Waisenhaus 1727.

Anonymus:

Die Glaubens=Kraft Eines Evangelischen Lehrers / Wurde An dem Exempel Des Weyland Hochehrwürdigen in GOtt andächtigen und

---

1   Vgl. die Literatur- und Quellenübersicht bei *Friedrich de Boor:* Art. Francke, August Hermann. In: Theologische Realenzyklopädie 11 (1983), S. [312–320] 319 f. und bei *Johannes Wallmann:* Der Pietismus (KIG, 4), Göttingen 1990, S. O 59–O 61.

2   Vorhanden in der Bibliothek der Franckeschen Stiftungen in Halle (Saale) unter den Signaturen 222 A 30; 222 A 31a; 222 A 31b (2°).

Hochgelahrten Herrn / Herrn August Hermann Franckens, […] In einer in der Pauliner Kirche zu Leipzig den 3 Julii 1727 gehaltenen Gedächtniß=Predigt vorgestellet Von einem Mit=Glied des daselbst florirenden Donnerstäglichen Grossen=Prediger=Collegii, Halle: Waisenhaus 1727 mit einer „Trauer-Rede" von M. *Andreas Langensee* vom 3. Juli 1727 (S. 11–18).

Paul Anton:

Ein recht=exemplarischer Knecht des HErrn An dem Exempel Des Hoch=Ehrwürdigen und Hochgelahrten Herrn Herrn August Hermann Francken, […] In einer Gedächtniß= Predigt den 22 Jun. A. MDCCXXVII. am 2 Sonntage nach Trinit. Zu seiner und anderer Erweckung In der Schul=Kirche und vor dem Auditorio Academico Auf Erfodern Kürtzlich vorgestellet Von Pavlo Antonio […], Halle: Waisenhaus 1727.

Joachim Justus Breithaupt:

Lectio Paraenetica, Super Obitu, Nunquam Satis Deplorando, B. Aug. Hermanni Franckii, Theologi De Ecclesia Incomparabiliter Atque Immortaliter Meriti, In Verba Esaiae LIII, 11. Ex Labore Animae Suae Videbit, Saturabitur. Quam In Academia Reg. Fridericiana a. MDCCXXVII. d. XXV. Jul. Publice Habuit D. Joach. Justus Breithaupt, A. B., Halle: Waisenhaus.

Epicedia, Oder Klag= und Trost=Carmina und andere dazu gehörige Schriften / Bey dem seeligen Ableben Weyland August Hermann Francken / […] Von Einheimischen und Auswärtigen / Hohen und Vornehmen Gönnern und Freunden abgefasset und eingesendet, [o. O. o. J.].[3]

Johann George Francke:

Einen treuen Lehrer der Kirche, welcher in dem Vertrauen zu GOtt und seiner Gnade arbeitet, Stelte An dem Exempel Des um die gantze Evangelisch= Lutherische Kirche Hochverdienten Theologi, Des weyland Hoch=Ehrwürdigen, in GOtt Andächtigen und Hochgelahrten Herrn, Herrn Aug. Hermann Franckens, […] Als Derselbe, nach GOttes allweisen Rath, Am Fest der Hochheiligen

---

3 Neuausgabe der (unter der Signatur 222 A 31a u. 31b [2°]) gesammelten Einzeldrucke der Epicedien.

Dreyfaltigkeit, war der 8. Junii dieses ietztlaufenden 1727. Jahres, nach einer sehr erbaulichen und exemplarischen Todes Bereitung, zu seines HErrn Freude, der Seelen nach, eingegangen, Und Dessen Solennes Leichen=Begängnis / Den 17. ejusdem, bey Volckreicher Begleitung, gehalten wurde, Aus dem erwählten Text Esaiae c. XL, 31. In der / in gedachter Kirche zu St. Ulrich / gehaltenen Leichen=Predigt Vor Johann George Francke [...], Halle: Waisenhaus 1727.

Johann Anastasius Freylinghausen:

Das Amt u. Werck Johannis des Täufers / Zur nöthigen Erinnerung des Amts und Wercks des durch den Tod vom HErrn hinweggenommenen treuen Knechtes GOttes (Weyland Herrn August Hermann Francken S. Th. Prof. Ord. Past. Vlric. und Scholarch.) aus dem Evangelischen Text Luc. I, 57–80. Am St. Johannis=Tage in der St. Ulrichs Kirche erwogen und auf Begehren zum Druck überlassen von IOH. ANASTAS. Freylinghausen Past. zu St. Ulrich und des Gymnasii Scholarcha. Der Jugend in den Schulen des Waysen=Hauses nach gehaltenem Examine ausgetheilet den 12. Mai. 1728., Halle: Waisenhaus 1728 (Darin [S. 69–82]: Anhang Eines Extracts aus den Personalien des sel. Herrn Prof. Franckens.).

Georg Friedrich Rogall:

Paraenesis publica, Oder Oeffentliche Erweckungs=Rede an die Studiosos Theol. auf der Königsbergischen Universität / Darinnen Denenselbigen Das Leben und der Wandel des theuresten Theologi, Herrn August Hermann Franckens / Zum Exempel vorgestellet Und Ihnen ins besondere zum Nutzen angewendet wurde. In: Epicedia (s. o.), S. 187–194.

Johann Ulrich Schwentzel:

Einen Salomon unsrer Zeit Zeigte An Dem nunmehro selig=verstorbenen Hoch=Ehrwürdigen, in GOtt Andächtigen und Hochgelahrten Herrn Herrn August Hermann Francken, [...] In der An Seinem Leich=Begängniß=Tage (nemlich am 17. Jun. MDCCXXVII.) Auf dem Hallischen Gottes=Acker Vor Volckreicher Versammlung gehaltenen Abdanckungs=Rede / Johann Ulrich Schwentzel / Pastor zu St. Moritz und Scholarcha, Halle: Waisenhaus 1727.

2. Ältere biographische Darstellungen des Lebens Franckes (chronologisch bis Gustav Kramer)

Besonders curieuses Gespräch im Reich der Todten / Zwischen zweyen im Reich der Lebendigen hochberühmten Männern, Christian THOMASIO [...] und AUGUST HERMANN Francken [...], Anno 1729 (mit Titelkupfer).[4]

Die X. Historie. Von einem in allen vier Theilen der Welt bekannten und hochberühmten Theologo. In: Zweyter Anhang zu der Historie der Wiedergebohrnen in Sachsen, Nebst einer nöthigen Vertheidigung dieser Historie, Wider die unfreundliche Censur derer Herren Sammler Altes und Neues, Einigen ausländischen guten Freunden zu Liebe und Dienst verfertiget, von Christian Gerbern, Pastore in Lockwitz, Leipzig und Dresden: Raphael Christian Sauereßig 1729, S. 257–283.[5]

Des seel. Herrn Professoris Franckens zu Halle Bekehrungs=Historie.(*) [<Fußnote> (*) Nach einer aus seinem eigenhändigen Schreiben genommenen Copie.] In: [*Johann Jacob Moser:*] Altes und Neues aus dem Reich Gottes und der übrigen guten und bösen Geister, Bestehende in glaubwürdigen Nachrichten von allerley merckwürdigen Führungen GOttes, sonderlich in dem Werck der Bekehrung, erbaulichen und erschröcklichen letzten Stunden, erwecklichen Lebens=Beschreibungen, mancherley Erscheinungen

---

4   Es handelt sich um eine Anfang des 18. Jahrhunderts beliebte Form von „Kalendergeschichten", die die Lebensbeschreibung einer historischen Person dieser im Rahmen eines fiktiven Gespräches in den Mund legen, nur von entsprechenden Fragen des Gesprächspartners unterbrochen. Was die eigentliche Biographie Franckes angeht, geht die Information in keinem Punkt über die *Nachricht* bzw. über die *Personalia* hinaus. Geboten werden aber noch einzelne, aus Schriften Franckes schöpfende Ausführungen zur Geschichte der *Collegia Philobiblica,* der Universität und des halleschen Waisenhauses.

5   Der unbekannte Verfasser bietet eine teils wörtlich ausgeschriebene, teils frei nacherzählende Zusammenfassung der *Personalia* oder der *Nachricht* mit wenigen eigenen Erinnerungen. – Es handelt sich um einen Anhang zu: Historia derer Wiedergebohrnen in Sachsen, oder Exempel solcher Personen, mit denen sich [...] viel merckwuerdiges zugetragen: als eine Continuation von Bruno Quinos Disce mori [...] sowohl aus gewissen Urkunden, als eigner Erfahrung / gesammlet von Christian Gerbern.

und vielem anderem, so zur Befestigung in dem guten und Verwahrung für dem bösen dienen kann. Nebst einem Anhang von erbaulichen Brieffen, unbekannten und neuen geistlichen Liedern und einem kurtzen Bericht von vielerley zu Beförderung des wahren Christenthums dienlichen teutschen Büchern. III. Teil, Frankfurt a. M. u. Leipzig: [Johann Benedikt Metzler u. Christoph Erhard] 1733, S. 56–69.

Vita B. Augusti Hermanni Franckii [...]; Cui adjecta est, Narratio Rerum Memorabilium in Ecclesiis Evangelicis per Germaniam &c. Revisa, et, Cura Samuelis Mather [...], Cum Dedicatione ejus, Edita., Boston 1733 (Early American Imprints 1639–1800. Edited By American Antiquarian Society).[6]

Johan Peter Niceron:

Nachrichten von den Begebenheiten und Schriften berümter Gelehrten mit einigen Zusätzen herausgegeben von Friedrich Eberhard Rambach. 17. Teil, Halle 1758, S. 197–207.

A[ugust] H[errmann] Niemeyer:

Allgemeine chronologische Uebersicht des Lebens und der Stiftungen August Herman Frankens. In: Frankens Stiftungen. Eine Zeitschrift zum Besten vaterloser Kinder. Herausgegeben von J. L. Schulze, G. C. Knapp und A. H. Niemeyer, Director und Mitdirectoren des Waisenhauses. Bd. 1–3, Halle 1792, 1794, 1796, Bd. 1, S. 19–52. 134–150. 257–288. 381–408; Bd. 2, S. 25–32. 129–160. 273–304; Bd. 3, S. 15–32. 145–160. 273–297.[7]

G[eorg] C[hristian] Knapp:

Beyträge zur Lebensgeschichte Aug. Herm. Frankens aus ungedruckten Nachrichten. In: Frankens Stiftungen (s. o.) Bd. 2 (1794), S. 416–451.

Anecdoten aus Frankens Leben von einem seiner Zeitgenossen und genauen Bekannten schriftlich hinterlassen. In: Frankens Stiftungen (s. o.), Bd. 2 (1794), S. 97–102.

---

6 S. *Charles Evans:* American Bibliography. Bd. 1–13, Chicago 1903–1934, Nr. 3656; zur Sache vgl. S. 136.

7 Niemeyer verwendet nach eigenen Angaben (S. 20) auch schon den eigenhändigen *Lebenslauff* sowie die Leichen- und Gedenkpredigten.

Johann Arnold Kanne:

Leben und aus dem Leben merkwürdiger und erweckter Christen aus der protestantischen Kirche. 2. Teil, Bamberg und Leipzig 1817 ²1842, S. 169–245.

Heinrich Ernst Ferdinand Guerike:

August Hermann Francke. Eine Denkschrift zur Säcularfeier seines Todes, Halle 1827.

Memoirs of Augustus Hermann Francke. Prepared for the American Sunday School Union, Philadelphia 1831.

Heinrich Ernst Ferdinand Guerike:

The life of Augustus Herman Franke. Translated [...] by Samuel Jackson, London 1837 ²1847.

Heinrich Ernst Ferdinand Guerike:

Aug. Hermann Francke. En minnesskrift wid hans döds secularfest. Öfwersättning af Jan Gust. Hebbe, Jönköping 1843.

Gottlob Eduard Leo:

Das Leben August Hermann Francke's, des Stifters des Waisenhauses zu Halle. Für das Volk beschrieben, Zwickau 1848.

Gustav Mühlmann:

Leben August Hermann Francke's, Bielefeld 1852 (Sonntags=Bibliothek, 5,4).

Gustav Kramer:

Beiträge zur Geschichte August Hermann Francke's. In: Nachricht über das Königliche Pädagogium zu Halle. 24. Fortsetzung, Halle 1859, S. 5–21.

Gustav Kramer:

Beiträge zur Geschichte August Hermann Francke's enthaltend den Briefwechsel Francke's und Spener's, Halle 1861.

[Gustav] Kramer:

Kurze Geschichte des Stifters und seiner Stiftungen seit ihrem Entstehen bis auf die gegenwärtige Zeit. In: Die Stiftungen August Hermann Francke's in Halle. Festschrift zur 2. Säkularfeier seines Geburtstages. Hg. von dem Directorium der Franckeschen Stiftungen, Halle 1863, S. 57–150 (mit Verweis auf die ausführlichere Darstellung bei Kramer: Beiträge 1861).

Gustav Kramer:
August Hermann Francke. Ein Lebensbild. Teil 1–2, Halle 1880–1882 (Nachdruck Hildesheim 2004).

3. Editionen des *Lebenslauffes* oder des Bekehrungsberichtes (chronologisch, ohne Abdrucke)

Gustav Kramer: s. S. 135.

Herbert Stahl:
August Hermann Francke. Der Einfluss Luthers und Molinos' auf ihn, Stuttgart 1939 (FKGG, 16), S. 22–49 (*Lebenslauff*; Text mit kommentierenden Zwischenstücken; Textkorrekturen gegenüber Kramer).

Kurt Aland:
Bemerkungen zu August Hermann Francke und seinem Bekehrungserlebnis. In: *Kurt Aland:* Kirchengeschichtliche Entwürfe. Alte Kirche – Reformation – Pietismus, Gütersloh 1960, S. 548–552 u. 564 f. (*Bekehrungsbericht* nach der Handschrift).

August Hermann Francke:
Werke in Auswahl. Hg. von *Erhard Peschke,* Berlin 1969, S. 5–29 (*Lebenslauff*).

Pietists Selected Writings. Edited With An Introduction By *Peter C. Erb,* New York u. a. 1983 (The Classics of Western Spirituality), S. 99–107 (Übersetzung nach einem Auszug aus dem *Bekehrungsbericht*).

Toshio Ito:
Furanke no „Rireksiho". In: Kyûshû Doitsu Bungaku 6, 1992, S. 40–74 (Übersetzung von August Hermann Franckes *Lebenslauff* ins Japanische).

Anne Lagny:
Récit de la conversion, 1692. In: Révue de Synthèse 117 (1996), S. 413–425 (Übersetzung des *Bekehrungsberichts* ins Französische).

Markus Matthias:
Lebensläufe August Hermann Franckes. Leipzig 1999 (KTP, 2).

4. Interpretationen des Lebenslauffes und des Bekehrungsberichtes (chronologisch)

Albrecht Ritschl:
Geschichte des Pietismus. Bd. 2, Bonn 1884 (Nachdruck Berlin 1966), S. 250–253 (traditionsgeschichtlich: katholische Mystik).

Werner Mahrholz: Deutsche Selbstbekenntnisse. Ein Beitrag zu Geschichte der Selbstbiographie von der Mystik bis zum Pietismus, Berlin 1919, 150–155 (ideengeschichtlich: Zeugnis des Kleinbürgertums).

Wilhelm Wendland:
Die pietistische Bekehrung. In: Zeitschrift für Kirchengeschichte 38 (1920), S. 193–238 (psychologisch).

Hans R. G. Günther:
Psychologie des Deutschen Pietismus. In: Deutsche Vierteljahrsschrift für Literatur- und Geistesgeschichte 4 (1926), S. [144–176] 167 f. (psychologisch).

Fritz Blanke:
Franckes Bekehrung. In: Der Kirchenfreund. Blätter für evangelische Wahrheit und kirchliches Leben 67 (1933), S. 122–124. 129–133. 145–147; abgedruckt („Die Gottesstunde. Franckes Bekehrung") in: Die Furche 1934, S. 371–385 (theologisch).

Herbert Stahl:
August Hermann Francke. Der Einfluss Luthers und Molinos' auf ihn, Stuttgart 1939 (FKGG, 16), bes. S. 1–49 (traditionsgeschichtlich: Verwurzelung in Luthers Theologie).

Emanuel Hirsch:
Geschichte der neuern evangelischen Theologie. Bd. 2, Gütersloh 1951, S. 157–160 (theologiegeschichtlich).

Kurt Aland:
Bemerkungen zu August Hermann Francke und seinem Bekehrungserlebnis. In: *Kurt Aland:* Kirchengeschichtliche Entwürfe. Alte Kirche – Reformation – Pietismus, Gütersloh 1960, S. 543–567 (traditionsgeschichtlich: gemeinchristliches, augustinisches Erbe).

Horst Weigelt:

Pietismus-Studien. 1. Teil, Stuttgart 1965 (AzTh II, 4), S. 46–63 (traditionsgeschichtlich: Einfluss Arndts).

Erhard Peschke:

Die Bedeutung der Mystik für die Bekehrung August Hermann Franckes. In: Theologische Literaturzeitung 119 (1966), Sp. 881–892; abgedr. in: *Erhard Peschke:* Bekehrung und Reform. Ansatz und Wurzeln der Theologie August Hermann Franckes, Bielefeld 1977 (AGP, 15), S. 13–40 (traditionsgeschichtlich: Einfluss Arndts und Molinos').

Ingo Bertolini:

Studien zur Autobiographie des deutschen Pietismus. Diss. phil. Wien 1968 [masch.], S. 104–120 (literaturgeschichtlich).

Frederick Herzog:

August Hermann Francke. Francke's Conversion. In: Mid-Stream 8 (1969), S. 41–49 (theologisch).

Friedrich de Boor:

Erfahrung gegen Vernunft. Das Bekehrungserlebnis A. H. Franckes als Grundlage für den Kampf des Hallischen Pietismus gegen die Aufklärung. In: Der Pietismus in Gestalten und Wirkungen. Martin Schmidt zum 65. Geburtstag, Bielefeld 1975 (AGP, 14), S. 120–138 (traditionsgeschichtlich: Einfluss Arndts und der Mystik).

Gerhard von Graevenitz:

Innerlichkeit und Öffentlichkeit. Aspekte deutscher „bürgerlicher" Literatur im frühen 18. Jahrhundert. In: Deutsche Vierteljahrsschrift. Sonderheft 1975, S. [1*–82*] 9*–20* (literaturgeschichtlich).

Günter Niggl:

Geschichte der deutschen Autobiographie im 18. Jahrhundert, Stuttgart 1977, S. 6–8 u. ö. (literaturgeschichtlich).

Jürgen Henningsen:

Leben entsteht aus Geschichten. Eine Studie zu August Hermann Francke. In: Neue Zeitschrift für Systematische Theologie und Religionsphilosophie 19 (1977), S. 261–283 (strukturalistisch).

Magdalene Maier-Petersen:

Der „Fingerzeig Gottes" und die „Zeichen der Zeit". Pietistische Religiosität auf dem Weg zu bürgerlicher Identitätsfindung, untersucht an Selbstzeugnissen von Spener, Francke und Oetinger, Stuttgart 1984 (Stuttgarter Arbeiten zur Germanistik, 141), S. 197–265 (u. 266–302) (sozialgeschichtlich).

Petra Kurten:

Umkehr zum lebendigen Gott. Die Bekehrungstheologie August Hermann Franckes als Beitrag zur Erneuerung des Glaubens, Paderborn u. a. 1985 (PaThSt, 15), S. [26–68] 45–68 (theologisch).

Gary R. Sattler:

Nobler than the angels, lower than a worm. The pietist view of individual in the writings of Heinrich Müller and August Hermann Francke, Lanham, New York, London 1989 (= Diss. theol. Marburg 1983) (geistesgeschichtlich).

Johannes Walhnann:

Der Pietismus. Göttingen 1990 (Die Kirche in ihrer Geschichte, 4), S. O 63 f. (traditionsgeschichtlich: Einfluss Johann Valentin Großgebauers und der reformierten Tradition).

Markus Matthias:

Nachwort, in: August Hermann Franckes Lebensläufe. Leipzig 1999, S. 133–147 (KTP, 2) (biographisch).

Anne Lagny:

Lebenslauff et Bekehrung. De la relation autobiographique à la méthode de conversion religieuse. In: Les piétismes à l'âge classique. Crise, conversion, institutions, Lille: Presses Universitaires du Septentrion 2001, S. 89–110 (literaturgeschichtlich).

Steffanie Metzger:

Das Ich als Geschichte. Erzählte ‚Lebensgestalten'? Mit einigen Bemerkungen zum „Lebenslauff" August Hermann Franckes und zur „Lebensgeschichte" Heinrich Jung-Stillings. In: Journal of literary theory 2, 2008, 273–287, bes. 275–277 (literaturwissenschaftlich).

Markus Matthias:

Franckes Erweckungserlebnis und seine Erzählung, in: Die Welt verändern. August Hermann Francke. Ein Lebenswerk um 1700.

Hg. von Holger Zaunstöck, Thomas Müller-Bahlke und Claus Velt-
mann, Halle 2013, S. 69–79 (Kataloge der Franckeschen Stiftungen, 29) (biographisch).

Markus Matthias:

Gewissheit und Bekehrung. Die Bedeutung der Theologie des Johannes Musaeus für August Hermann Francke. In: Pietismus und
Neuzeit 41 (2015), S. 11–31 (theologiegeschichtlich).

5. Weitere, für die Kommentierung benutzte Literatur

Album der Christian-Albrechts-Universität 1665–1865. Hg. von Franz
Gundlach, Kiel 1915 (Nachdruck 1980).

Paul Althaus:

Die Bekehrung in reformatorischer und pietistischer Sicht. In:
Neue Zeitschrift für Systematische Theologie 1 (1959), S. 3–25; abgedr. in: *Paul Althaus:* Um die Wahrheit des Evangeliums. Aufsätze
und Vorträge, Stuttgart 1962, S. 224–247.

Paul Anton:

Collegium de historia pietistica 1721 (Manuskript in AFSt/H O 10).
August Hermann Francke. Der Stifter und sein Werk. Ausstellungs-
katalog, Halle 1998.

Martin Bauer:

Evangelische Theologen in und um Erfurt im 16. bis 18. Jahrhundert. Beiträge zur Personen- und Familiengeschichte Thüringens,
Neustadt a. d. A. 1992 (Schriftenreihe der Stiftung Stoye, 22).

Johannes Biereye:

A. H. Francke und Erfurt. In: Zeitschrift des Vereins für Kirchengeschichte der Provinz Sachsen 21 ([1925]), S. 31–56 u. 22 ([1926]),
S. 26–51.

Woldemar Böhne:

Die pädagogischen Bestrebungen Ernst des Frommen von Gotha,
Gotha 1888.

Friedrich de Boor:

A. H. Franckes Hamburger Aufenthalt im Jahre 1688 als Beginn
seiner pädagogischen Wirksamkeit. In: August Hermann Francke.

Hg. von Rosemarie Ahrbeck und Burchard Thaler, Halle 1977 (Martin-Luther-Universität Halle-Wittenberg, Wissenschaftliche Beiträge, 37), S. 24–36.

Wolfgang Breithaupt:

Verzeichnis der im Archiv der Franckeschen Stiftungen zu Halle befindlichen Quellen über A. H. Franckes Aufenthalt in Erfurt 1690/91 [Typoskript] [Halle 1989].

Briefe an August Hermann Francke. Hg. von *Theodor Geissendörfer*, Urbana 1939.

Johann Christian Clausius:

Schediasma historicum de collegio concionatorio majori et antiquiori, Leipzig 1717.

Klaus Deppermann:

August Hermann Francke. In: Orthodoxie und Pietismus (Gestalten der Kirchengeschichte, 7). Hg. von Martin Greschat, Stuttgart u. a. 1982, S. [241–260] 243–245.

August Hermann Francke:

Lebensnachrichten (Manuskript in AFSt/H A 136, Bl. 1–58). Ediert in *Kramer*: Beiträge 1861, S. 56–79.

August Hermann Francke:

Streitschriften. Hg. von Erhard Peschke, Berlin – New York 1981 (TGP, II, 1).

August Hermann Francke 1663–1727.

Bibliographie seiner Schriften. Bearb. von *Paul Raabe* und *Almut Pfeiffer*, Tübingen 2001.

Georg Christian Gebauer:

Anthologicarum dissertationum liber cum nonnullis adoptivis, et brevi Gelliani et anthologici collegiorum lipsiensium historia, Leipzig 1733.

Geschichte des Pietismus. Hg. von *Martin Brecht* u. a. Bd. 1–4, Göttingen 1993–2004.

Christoph Friedrich Illgen:

Historia Collegii Philobiblici Lipsiensis. Teil I–IV [Vier theologische Dekanatsprogramme], Leipzig 1826/27 und 1840/41.

Gustav Kramer:

Beiträge zur Geschichte August Hermann Francke's enthaltend den Briefwechsel Francke's und Spener's, Halle 1861.

Gustav Kramer:

Neue Beiträge zur Geschichte August Hermann Franckes, Halle 1875.

August Langen:

Der Wortschatz des deutschen Pietismus, Tübingen ²1968.

Hans Leube:

Die Geschichte der pietistischen Bewegung in Leipzig. Ein Beitrag zur Geschichte und Charakteristik des deutschen Pietismus (1921). In: *Hans Leube:* Orthodoxie und Pietismus. Gesammelte Studien. Hg. von Dietrich Blaufuß, Bielefeld 1975 (AGP, 13), S. 153–267.

Martin Luther:

Biblia: das ist: Die gantze Heilige Schrifft: Deutsch. Wittenberg 1545. Hg. von Hans Volz. Bd. 1–3, München 1974 (DTV, 6031–6033).

Friedrich Paulsen:

Geschichte des gelehrten Unterrichts auf den deutschen Schulen und Universitäten vom Ausgang des Mittelalters bis zur Gegenwart. Bd. 1, Leipzig ³1919 (Nachdruck 1965).

Erhard Peschke:

Bekehrung und Reform. Ansatz und Wurzeln der Theologie August Hermann Franckes, Bielefeld 1977 (AGP, 15).

Erhard Peschke:

Studien zur Theologie August Hermann Franckes. Bd. 1–2, Berlin [1964] 1966.

Christian Ferdinand Schulze:

Geschichte des Gymnasiums zu Gotha, Gotha 1824.

Adolf Sellschopp:

Neue Quellen zur Geschichte August Hermann Franckes, Halle 1913.

Adolf Sellschopp:

Zu August Hermann Francke's 250ten Geburtstag. In: Roland 1913, S. 116–118, bes. 117 (Ahnentafel).

Christoph Ernst Sicul:

Das Große Fürsten-Collegium, Leipzig 1717.

Philipp Jacob Spener:

Pia Desideria. Hg. von Kurt Aland, Berlin ³1964 (Nachdruck 1990).

Philipp Jacob Spener:

Pia Desideria. Deutsch-Lateinische Studienausgabe. Hg. von *Beate Köster,* Gießen u. a. 2005.

Stammtafeln des Niemeyerschen Geschlechts, Halle ⁴1915.

Udo Sträter:

Sonthom, Bayly, Dyke und Hall. Studien zur Rezeption der englischen Erbauungsliteratur in Deutschland im 17. Jahrhundert, Tübingen 1987 (BHTh, 71).

Bill Weden:

Bekehrung und Erziehung bei August Hermann Francke, Åbo 1967 (Acta Academiae Aboensis, A, 33, 3).

Lebensdaten von August Hermann Francke

12.3.1663	Geburt in Lübeck (Daten bis 1700 Alten Stils)
15.3.1663	Taufe in der Gemeinde St. Ägidien in Lübeck
1666	Übersiedelung der Familie nach Gotha
1668	Einzug in das Haus an der Ecke Querstraße / Schwabhäuser Str. in Gotha
30.4.1670	Tod des Vaters Johannes Francke
1675	Immatrikulation an der Universität Erfurt
1676	Besuch der *classis selecta* des Gymnasiums in Gotha
1677	‚Reifezeugnis‘
April 1679	Beginn des Studiums in Erfurt
29.9.1679 – 4. / 11.6. 1682	Studium in Kiel mit Hilfe des Stipendium Schabbelianum
1682	Zweimonatiges Studium des Hebräischen in Hamburg, anschließend Aufenthalt in Gotha
WS 1683/84	Beginn des Studiums in Leipzig
29.1.1685	*Magister artium* in Leipzig
18.7.1685	Habilitation zur Abhaltung von Lehrveranstaltungen
18.7.1686	Gründung des *Collegium Philobiblicum* in Leipzig
April 1687	Philipp Jacob Speners Besuch des *Collegium Philobiblicum* in Leipzig
24.4.1687	Philipp Jacob Speners Predigt über den lebendigen Glauben in Leipzig
1687	Übersetzung zweier Schriften des Miguel de Molinos
22.10.1687	Abreise aus Leipzig über Magdeburg nach Lüneburg (26.10.1687)
[25.12.1687]	„Bekehrung" in Lüneburg
[28.12.1687]	Mittwochspredigt in Lüneburg

27.2.1688	Abreise aus Lüneburg nach Hamburg
3.12.1688	Abreise aus Hamburg nach Leipzig über Lüneburg, Celle, Braunschweig, Wolfenbüttel und Könnern
ca. 5.1.–21.2. 1689	Aufenthalt bei Philipp Jacob Spener in Dresden
April/Mai 1689	Zweiter Aufenthalt bei Philipp Jacob Spener in Dresden
August 1689	Dritter Aufenthalt bei Philipp Jacob Spener in Dresden
September / Oktober 1689	Leipziger pietistische Streitigkeiten
Dez. 1689	Reisen nach Altenburg, Meuselwitz, Zeitz, Halle und Eisleben; Reise nach Gotha über Jena und Erfurt
Febr.- April 1690	Reise nach Lübeck über Lüneburg
23.3.1690	Edikt gegen die *Collegia Philobiblica* in Leipzig
22.4.1690	Gastpredigt (Vorstellungspredigt) in Erfurt
2.6.1690	Ordination zum *Diaconus* (Hilfspfarrer) in Erfurt
2.9.1691	Entlassung aus dem Kirchenamt in Erfurt
Nov.–Dez. 1691	Reise nach Berlin über Quedlinburg und Halberstadt
22.12.1691	Designation zum Professor der orientalischen Sprachen in Halle und zum Pfarrer der St. Georgen Kirche in Glaucha
2.2.1692	Berufung zum Pfarrer in Glaucha
4.2.1692	Bestallung
15.2.1692	Beginn der Vorlesungen an der Universität
4.6.1694	Heirat mit Anna Magalena von Wurm
14.3.1695	Geburt des Sohnes August Gottlieb († 27.12.1695)
Ostern 1695	Gründung der Armenschule und des Waisenhauses in Glaucha (Beginn der Francke'schen Stiftungen)

1.4.1696	Geburt des Sohnes Gotthilf August († 2.9.1769)
17.9.1697	Geburt der Tochter Johanna Sophia Anastasia († 1771)
13.7.1698	Grundsteinlegung des Waisenhauses
19.9.1698	Kurfürstliches Privileg für die Francke'schen Stiftungen
24.9.1698	Ordentlicher Professor der Theologie in Halle
1699	Mitglied der *Society for Promoting Christian Knowledge* in London
29.4.1701	Einweihung des neuen Waisenhauses
1701	Beginn der Medikamentenexpedition
1701	Beginn des Waisenhausverlages
1701	Mitglied der Berlin-Brandenburgischen Akademie („Societaet") der Wissenschaften
April bis Juli 1705	Reise nach Norddeutschland und in die Niederlande
1706	Beginn der Dänisch-Halleschen Mission in Tranquebar (Südindien)
1707	Errichtung eines Lehrerbildungsanstalt (*Seminarium selectum praeceptorum*)
1709	Aufenthalt am königlichen Hof in Berlin
1710	Gründung der Cansteinischen Bibelanstalt
1713	Besuch des preußischen Königs Friedrich Wilhelm I. in den Francke'schen Stiftungen
24.3.1714	Berufung zum Pfarrer an der Ulrichskirche in Halle
12.7.1716– 11.7.1717	Prorektor in Halle
29.8.1717– 2.4.1718	„Reise ins Reich" (s. *Kurtze Nachricht*, Anm. 228)
1725	Aufenthalt in Potsdam
Nov. 1726	Leichter Schlaganfall
15.5.1727	Letzte (paränetische) Vorlesung
8.6.1727	Tod in Halle
17.6.1727	Beerdigung auf dem Gottesacker in Halle

Register der Personen

Register der Bibelstellen

Philipp Jacob Spener

**Die Anfänge
des Pietismus
in seinen Briefen**

Ausgewählt, zum Teil
aus dem Lateinischen
übersetzt und heraus-
gegeben von Markus
Matthias

*Edition Pietismustexte
(EPT) | 7*

286 Seiten, Paperback
ISBN 978-3-374-04257-9
EUR 16,80 [D]

Als Philipp Jacob Spener (1635–1705) im Jahr 1666
sein Amt als Pfarrer und Senior des Pfarrkollegi-
ums in Frankfurt antrat, brachte er kaum pfarramt-
liche Erfahrungen mit, wohl aber eine gediegene
religiöse und theologische Bildung. Die versetzte
ihn in den Stand, die geistige Lage des Christentums in Deutschland freimütig zu diagnostizieren
und praktizierbare Vorschläge zu machen, wie dem
geistlichen Niedergang begegnet werden könnte.
Darin liegen die Anfänge des Pietismus, und in ihnen treten zugleich die treibenden Kräfte hervor,
die den Pietismus zu einer großartigen religiösen
und kulturellen Erneuerungsbewegung weit über
die deutschen Länder hinaus werden ließen.

EVANGELISCHE VERLAGSANSTALT
Leipzig www.eva-leipzig.de

Tel +49 (0) 341/ 7 11 41 -16   vertrieb@eva-leipzig.de